D1606786

10STORIES OF COLLECTIVE HOUSING

by *a+t research group*

01 THE STREET IN THE AIR

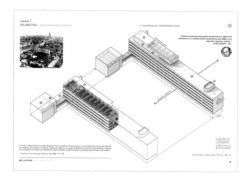

02 THE SINKING OF THE SOCIAL CONDENSER

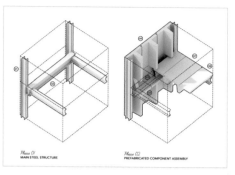

03 CHEAPER, FASTER, LIGHTER AND TALLER

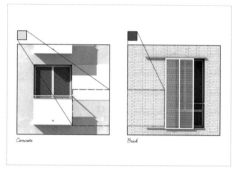

04 THE ELEGANCE OF THE DISSIDENT

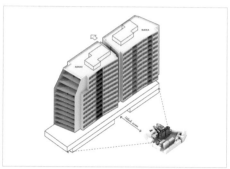

05 THE PROJECT AS SCRIPT

06 AN EXQUISITE GHETTO

07 CRISTAL LIQUIDE

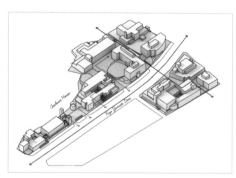

08 SLOW CITY

09 BUILDING MOODS

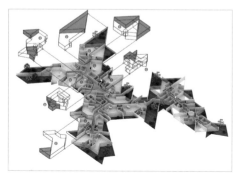

10 MY TERRACE, IN FRONT OF MY HOUSE, OVER YOURS

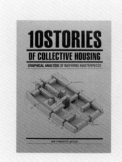

10 STORIES OF COLLECTIVE HOUSING
Graphical analysis of inspiring masterpieces

a+t research group

English edition
Soft cover (17 x 23.5 cm)
496 Pages
ISBN 978-84-615-9883-0
2013

También disponible en español

Order form on page 160
Orden de pedido en página 160

INDEPENDENT MAGAZINE OF ARCHITECTURE+TECHNOLOGY
SPRING 2014. ISSUE 43
REVISTA INDEPENDIENTE DE ARQUITECTURA+TECNOLOGÍA
PRIMAVERA 2014. NÚMERO 43
www.aplust.net

Editors Dirección: **Aurora Fernández Per, Javier Mozas**
Graphic Concept Concepto gráfico: **Alex S. Ollero**
Layout and production Maquetación y producción:
Delia Argote
Managing Coordinación: **Idoia Esteban**
Communication and Press Comunicación y Prensa:
Patricia García
Editor, English-language version
Responsable de la versión en inglés: **Ken Mortimer**

Submissions and subscriptions Redacción y suscripciones
General Álava,15 2ºA. 01005 Vitoria-Gasteiz. Spain
Tel. +34 945 134276
submission@aplust.net
pedidosysuscripciones@aplust.net
www.aplust.net

Publisher Edita: **a+t architecture publishers**
Printing Impresión: **Gráficas Irudi s.l.**
Depósito Legal VI-683/94
ISSN 1132-6409
ISBN 978-84-617-1519-0
Periodicidad Frecuency: Biannual (Spring and Autumn)
Semestral (Primavera y Otoño)

Distribution Distribución
• Europe, USA, Canada, Australia, Asia
Idea Books
Nieue Herengracht 11. 1011RK Amsterdam. The Netherlands
Tel. +31 20 6226154
Fax +31 20 6209299
idea@ideabooks.nl
www.ideabooks.nl
• España, Portugal y Latinoamérica
a+t architecture publishers
General Álava,15 2ºA. 01005 Vitoria-Gasteiz. España
Tel.+34 945 134276
pedidosysuscripciones@aplust.net
www.aplust.net

This issue has been put together with the collaboration of:
Este número ha sido realizado con la colaboración de:

• Laura Gonzalez Fierro (+ADD)
• Laura Casanova (ARQUITECTURA DE TALLER)
• Alice Edgerley (ASSEMBLE)
• Jordia Badía, Cristina Anglès (BAAS)
• Lucy Porter (BRINKWORTH)
• Caterina Onori (CAMENZIND EVOLUTION)
• Carlos Arroyo (CARLOS ARROYO ARQUITECTOS)
• Adam Caruso, Simon Davison (CARUSO ST JOHN ARCHITECTS)
• Rini van Beek (DMVA)
• i29 INTERIOR ARCHITECTS
• Bruno Pinto daCruz (LIN)
• Antonia Pesenti (MAKE CREATIVE)
• Mayumi Tokumoto (NOSIGNER)
• Emmy Christmas (PENSON)
• Metin van Zijl, Lisanne Hoo (STUDIONINEDOTS)
• Al McKee (STUDIO O+A)
• Aleksa Bijelović (STUDIO PETOKRAKA)
• Leslie Curtis, Dermot Egan (STUDIO TILT)

Cover Cubierta: **Google Central, London. Penson.**
Photo Foto: **David Barbour.**
Backcover Contracubierta: **Tribal DDB office, Amsterdam. i29 Interior Architects.**
Photo Foto: **i29 Interior Architects.**

WORKFORCE

A BETTER PLACE TO WORK

CONTENTS SUMARIO

W

THE LIQUID NATURE OF
WORKSPACE

EL ESTADO LÍQUIDO
DEL ESPACIO DE TRABAJO

JAVIER MOZAS

'The passage from heavy to light capitalism and from solid to fluid or liquefied modernity constitutes the framework in which the history of the labour movement has been inscribed.'[1]

"El paso del capitalismo pesado al ligero y de la sólida a la fluida, o licuada modernidad constituye el marco en el que se inscribe la historia del movimiento laboral"[1].

1. Zygmunt Bauman. *The Liquid Modernity*. Polity Press, 2000 p. 194.

1. Zygmunt Bauman. *The Liquid Modernity*. Polity Press, 2000 p. 194.

Wallpaper based on the 'global spirit of a modern digital workspace' that recreates the landscape work of the Living Office Series.
Fondo de escritorio basado en el "espíritu global de un espacio de trabajo digital moderno" que recrea el paisaje de trabajo de la serie Living Office.
SOURCE: DANIEL CARLSTEN. HERMAN MILLER

Work is work. It's hard and it was done to earn your bread. The imposition laid out in Genesis stated this was with the sweat of your brow. That was until the connection between work and capital was discovered. These are different times. There exist thrilling paradises which disguise the true essence of work and blur this function in the mixture of activities, with no long-term solution, which everyday routine is turning into. Leisure (the Latin term *otium*) and its antithesis, business (*nec-otium*, what is not *otium*), blend together in a continuous pretence which spreads beyond the workplace.

The technological revolution increased productivity with the presence of machines and robots in production lines and the workplace was stripped of any discomfort and dependence on weather conditions. The ties with a physical location were broken and work began to merge with other human activities such as living, learning and socializing which had their own spheres of development.

We are witnessing the abolition of the standard scheduling of everyday activities encouraged by the multi-tasking options provided by mobile devices. We can do anything at any time in any place. Daily life is liquefied in a continuous undefined shell with no specific space or time.

El trabajo es trabajo y es duro y servía para ganarse el pan. La imposición escrita en el Génesis decía que con el sudor de la frente, hasta que se descubrió la conexión entre trabajo y capital. Ahora es otro momento. Existen unos paraísos ilusionantes que camuflan la verdadera esencia de trabajar y disuelven esa función dentro de la mezcla de actividades, sin solución de continuidad, en que se está convirtiendo la vida cotidiana. El ocio y su negación, el negocio, se funden en un simulacro continuo que se extiende más allá del puesto de trabajo.

La revolución tecnológica incrementó la productividad mediante la presencia de máquinas y robots en las cadenas de montaje y el espacio del trabajo se fue despojando de las incomodidades y dependencias de las condiciones climáticas. Rompió su anclaje con un lugar físico y se fue fusionando con otras actividades humanas como habitar, aprender o relacionarse, que tenían sus propios ámbitos de desarrollo.

Estamos asistiendo a la abolición de la compartimentación horaria de las actividades diarias, presionados por la opción multitarea que proporcionan los dispositivos móviles. Todo se puede hacer en cualquier momento y en cualquier sitio. La vida cotidiana se licúa en un contenedor continuo e indefinido, sin espacio concreto ni tiempo fijo.

WHY DO YOU FREELANCE?

% is how many respondents said these considerations were "important or extremely important" to them

BE FLEXIBLE	CONTROL MY OWN SCHEDULE	BE MY OWN BOSS	DO WHAT I LOVE	BALANCE MY OWN WORK & LIFE
78%	**77%**	**75%**	**75%**	**62%**

¿Por qué eres autónomo? El porcentaje debajo de las figuras indica la importancia de la independencia y la flexibilidad para la nueva fuerza de trabajo.

SOURCE: SARA HOROWITZ, FREELANCERS UNION.

BETTER TOGETHER

Just as in the Middle Ages associations were set up to defend the rights of tradespeople, self-employed working[2] has been strengthening its position against that enjoyed by the corporate employee. New Mutualism[3] is one of the recent approaches adopted by free-lancers and its principles can be summed up as follows: let's do it together if we can't do it on our own, let's do it ourselves, and let's always do it driven by a social mission. This is the essence of this new movement which puts its trust in the power of the community.

As the Millennials or Y Generation –young adolescents who became adults at the turn of the century– have joined the job market, cracks have formed in the monolithic environment that is the corporate office. This generation is noted for its being technology-dependent, more open, better-educated and most of all for its desire to participate and collaborate.[4] It takes ownership of the philosophy 'better together' endorsed by shared offices or coworking centres.

MEJOR JUNTOS

De la misma manera que en la época medieval se crearon asociaciones para defender los derechos gremiales, la forma de trabajo autónoma[2] va consolidando su posición respecto a la que disfruta el trabajador contratado. El Nuevo Mutualismo[3] es una de estas recientes tomas de postura de los trabajadores por cuenta propia, cuyos principios se resumen en: hagámoslo juntos si no podemos hacerlo por separado, hagámoslo nosotros mismos, y hagámoslo siempre guiados por una misión social. Esta es la esencia de este nuevo sindicato que confía en el poder de la comunidad.

La irrupción en el mercado laboral de la Generación del Milenio, o Generación Y –jóvenes adolescentes que alcanzaron su mayoría de edad con el cambio de siglo-, ha abierto grietas en el monolítico entorno de la oficina corporativa. Esta generación se caracteriza por ser más abierta, depender de la tecnología, tener mayor nivel de educación y sobre todo por su deseo de participar y colaborar[4]. Reconoce como suya la filosofía del "mejor juntos", que es la que destilan las oficinas compartidas o *coworking*.

2. Steven F. Hipple. "About 1 in 9 workers was self-employed in 2009". Self-employment in the United States. *Monthly Labor Review*. September 2010. http://www.bls.gov/opub/mlr/2010/09/art2full.pdf
3. Sara Horowitz. *What is New Mutualism?* Freelancers Union. Freelancers Broadcasting Network. Dispatches. https://www.freelancersunion.org/blog/dispatches/2013/11/05/what-new-mutualism/
4. *Millennials. A portrait of Generation Next. Confident. Connected. Open to Change.* Pew Research Center, 2010. http://www.pewsocialtrends.org/files/2010/10/millennials-confident-connected-open-to-change.pdf

2. Steven F. Hipple. "Uno de cada nueve trabajadores era autónomo en 2009". Self-employment in the United States. *Monthly Labor Review*. September 2010. http://www.bls.gov/opub/mlr/2010/09/art2full.pdf
3. Sara Horowitz. *What is New Mutualism?* Freelancers Union. Freelancers Broadcasting Network. Dispatches. https://www.freelancersunion.org/blog/dispatches/2013/11/05/what-new-mutualism/
4. *Millennials. A portrait of Generation Next. Confident. Connected. Open to Change.* Pew Research Center, 2010. http://www.pewsocialtrends.org/files/2010/10/millennials-confident-connected-open-to-change.pdf

Shared space in Berlin Agora Collective.
Espacio compartido en Agora Collective de Berlín.
SOURCE: AGORA COLLECTIVE.

Private offices with glass partitions at WeWork, New York, NY.
Despachos privados con mamparas de vidrio en WeWork, Nueva York, NY.
SOURCE: WEWORK.

Agora Collective[5] is a space which has a magic formula combining three magnetic ingredients: work, art and food. It is located in a five-storey brick building in the Neukölln area of Berlin. In theory, it is a place for professionals from all fields. However, the main focus is on creative work. There is a non-stop stream of activities: encounters, talks by artists, workshops, exhibitions, shows, dinners, pop-ups, meet-ups... The ideological lines of these work spaces deal with the collaborative economy, lateral thinking and they are well aware that they are facing the challenges of their working lives on the basis of seemingly illogical resources such as chance or provocation. The search for personal relationships is not justified by the need for physical contact. Instead it is associated with scientific or literary terms such as: creative collisions, cross-pollination and serendipitous encounters. Nevertheless, the need for an enclosed space still exists when privacy is a priority. Some coworking centres[6] are becoming farms of glazed pods with access which is either individual or shared by a limited number of individuals who choose to reject the social element of the shared space. New layouts have been established based on a real demand taken into consideration by the companies which manage these spaces in their aim for a good return on investment.

Agora Collective[5] es un espacio que combina una fórmula mágica con tres ingredientes-imanes: trabajo, arte y comida. Está situado en un edificio de ladrillo de cinco plantas en el barrio berlinés de Neukölln. En teoría, es un lugar para profesionales de todos los campos, pero se centra principalmente en tareas creativas. Las actividades son constantes: encuentros, charlas de artistas, talleres, exposiciones, actuaciones, comidas... Las líneas ideológicas de estos espacios de trabajo rondan la economía colaborativa, el pensamiento lateral y son conscientes de que afrontan los retos de su vida laboral a través de medios aparentemente ilógicos, como el azar o la provocación. La búsqueda de relaciones personales no se justifica por la necesidad de contacto físico, sino que se asocia a términos científicos o literarios como: choques creativos, polinización cruzada y encuentros favorables inesperados.

Sin embargo, la necesidad del espacio cerrado sigue existiendo cuando lo importante es la privacidad. Algunos coworkings[6] se están convirtiendo en granjas de cabinas de cristal con acceso individualizado o compartido por un número reducido de personas, que rechazan voluntariamente la componente social del espacio compartido. Estas reconfiguraciones se establecen por la existencia de una demanda real, que es tenida en cuenta por la empresa gestora de esos espacios cuando lo que pretende es rentabilizar la inversión.

5. http://agoracollective.org/
6. WeWork. New York. https://www.http://www.wework.com/

5. http://agoracollective.org/
6. WeWork. Nueva York. https://www.http://www.wework.com/

On the left, overlapping individual offices on three levels. On the right, collaborative work area, bar counter
with surfboards in the public space of the warehouse. TBWA/Chiat/Day. Los Ángeles. California. 1998.
A la izquierda, despachos individuales superpuestos en tres niveles. A la derecha, zona de trabajo
colaborativo, mostrador de bar con tablas de surf y sala de trofeos en el espacio público de la nave industrial.
TBWA/Chiat/Day. Los Ángeles. California. 1998.

SOURCE: CLIVE WILKINSON ARCHITECTS.

THE FUN OFFICE

In the 1990s, outside working hours employees used to carry out non-productive activities which had no relation to their work. It was a time when there was a clear distinction between business time and leisure time. There was a clearer division between the different functions. Nowadays, since information technology has managed to become ubiquitous and social media is 24/7, the working day is latent even during rest times. Production never stops albeit it has now taken on a different form. This is what research into new work psychology has detected. The upshot of this stretched schedule is more relaxed production combined with other lighter activities to ease up the long working day. Productivity has been reduced in terms of density.

Fun and games have helped to overcome obstacles and activate those creative thoughts which are the very basis of innovation.[7] Googleplex, the Google HQ in Mountain View, California, is a result of refurbishment work on the building inherited from Silicon Graphics in 2003, to which Clive Wilkinson Architects applied the 'campus office' concept in 2005. The architectural solution is based on a set of participatory ideas, developed in the mid-1990s in small coworking centres in the San Francisco metropolitan area, which recreated Stanford University educational models. The change was not expecting a historical review of the typology or to create a milestone in the evolution of office buildings. It involved a quiet revolution of work organization, making it less hierarchical and more laid-back, albeit with limited impact on the architectural envelope of the buildings.

LA OFICINA DIVERTIDA

En los años noventa, cuando los empleados se encontraban fuera del horario laboral, se dedicaban a actividades no productivas que rompían completamente con su trabajo. Era el momento en el que existía una distinción clara entre tiempo de negocio y tiempo de ocio. La compartimentación entre funciones estaba más clara. Ahora, desde que la tecnología de la información ha conseguido la ubicuidad y las redes sociales se mantienen permanentemente activas, el horario laboral continúa latente incluso en los momentos de reposo. No se deja de producir nunca, aunque se hace de otra manera. Esto es lo que ha detectado la nueva sicología del trabajo. La consecuencia de este alargamiento es la relajación de la productividad con la combinación de otras actividades más ligeras que suavizan la larga duración de la jornada. La productividad ha rebajado su densidad.

El juego y la diversión han ayudado a desmontar barreras y activan aquellos pensamientos creativos que son el origen de la innovación[7]. Googleplex, el complejo de Google en Mountain View, California, fue una puesta a punto del edificio heredado de Silicon Graphics en 2003, al que Clive Wilkinson Architects aplicó en 2005 el concepto de "oficina como campus universitario". La solución arquitectónica está basada en el conjunto de ideas participativas, desarrolladas a mediados de los noventa en los pequeños coworkings del área metropolitana de San Francisco, que reproducían los modelos educativos de la universidad de Stanford. El cambio no planteó una revisión histórica de la tipología, ni creó un hito en la evolución del edificio de oficinas. Consistió en una revolución callada de la organización del trabajo, menos jerarquizada y más relajada, aunque con reducido impacto en la envolvente arquitectónica de los edificios.

7. Adam L. Penenberg. *Play at Work. How games inspire breakthrough thinking*. Piatkus, 2013.

7. Adam L. Penenberg. *Play at Work. How games inspire breakthrough thinking*. Piatkus, 2013.

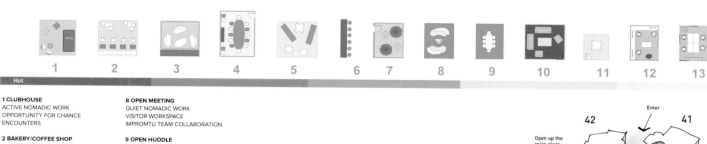

1 CLUBHOUSE
ACTIVE NOMADIC WORK
OPPORTUNITY FOR CHANCE
ENCOUNTERS

2 BAKERY/COFFEE SHOP
ACTIVE NOMADIC WORK
OPPORTUNITY FOR CHANCE
ENCOUNTERS AND COLLABORATION

3 SUPPER CLUB
ALTERNATIVE DINING SETTING FOR
FOCUSED COLLABORATIVE WORK

4 CONFERENCE
FOCUSED SPACE FOR LARGER
COLLABORATIVE GROUPS
WHITE BOARDS
PROJECTION CAPABILITES

5 LIBRARY
QUIET NOMADIC WORK
VISITOR WORKSPACE

6 I-BAR
ACTIVE NOMADIC WORK
VISITOR WORKSPACE

7 TERRACE
QUIET ALTERNATIVE FOR NOMADIC
WORK
VISITOR WORKSPACE

8 OPEN MEETING
QUIET NOMADIC WORK
VISITOR WORKSPACE
IMPROMTU TEAM COLLABORATION

9 OPEN HUDDLE
IMPROMTU TEAM COLLABORATION

10 CLOSED MEETING
FOCUSED SPACE FOR
COLLABORATION
WHITE BOARDS
PROJECTION CAPABILITIES
OPTIONAL AS WAR ROOM

11 HUDDLE ROOM
QUIET NOMADIC WORK
FOCUSED COLLABORATION SPACE
WHITE BOARDS

12 WORKSTATION
QUIET RESIDENT WORK
FURNITURE RECONFIGURABLE TO
MEET TEAM'S NEEDS

13 WORKROOM
QUIET RESIDENT WORK
FURNITURE RECONFIGURABLE TO
MEET TEAM'S NEEDS
PANELIZED FRAMING SYSTEMS TO
ACCOMMODATE JOINING OFFICES
FOR BIGGER TEAMS

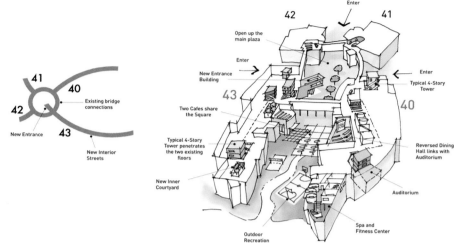

Hot to Cold gradation of thirteen workspaces. On the right, sketch of the four buildings juxtaposed. View from the East. Googleplex in Mountain View, California.
Graduación de Caliente a Frío en trece espacios de trabajo. A la derecha, croquis de los cuatro edificios yuxtapuestos. Vista desde el Este. Googleplex en Mountain View, California.
SOURCE: CLIVE WILKINSON ARCHITECTS.

Clive Wilkinson has recognized that globalized working with business connections across all time zones requires employees to stay longer in their workplace. 'We have clients who have to go to the office at 7 a.m. in the morning in order to connect with London, but then also need to be in the office at 10 p.m. at night in order to connect with India. As a result, there are longer hours and you need to do something with that time.'[8] The reward for staff for their hard work is not a higher salary but the offer of constant fun, blurring the lines between business and leisure. Basketball courts, pool tables, ping-pong tables, slides and computer apps bring play to work and deliberately remove any references to the alienation of mass production. The company provides services and a pleasant working atmosphere. A one-off investment is made in the physical office environment and this investment is recovered when the company negotiates terms and conditions with its employees.

The starring role in the programme for the fun office is the coffee bar where the brand character comes to the fore. It is the main place for socializing in the company. This is not the canteen of the pre-Modern social condensers which had one specific mission —simply to eat— and which was only for company staff whereas here it has become a new space for non-stop utilization creating dependence, a place to connect, to see and to be seen.

Clive Wilkinson reconoce que el trabajo globalizado con conexiones laborales a lo largo de todos los husos horarios obliga a los empleados a permanecer más tiempo en su puesto. "Tenemos clientes que van a la oficina a las siete de la mañana para hablar con Londres, pero tienen que estar también a las 10 de la noche para conectar con la India. El resultado son más horas de trabajo y tienen que ocupar el tiempo en algo"[8]. La compensación que reciben los empleados por su esfuerzo no es más salario, sino la oferta de una diversión continua, que camufla el negocio con el ocio. Canchas de baloncesto, billares, mesas de ping-pong, futbolines, toboganes y aplicaciones de ordenador introducen el juego en el trabajo y eliminan intencionadamente toda referencia a la alienación de la producción en serie. La empresa ofrece servicios y un ambiente de trabajo agradable. Invierte una única vez en el entorno físico de la oficina y recupera la inversión cuando negocia las condiciones laborales con los trabajadores.

La aparición estrella dentro del programa de la oficina divertida es el café-bar, en donde se despliega el carácter de la marca. Es el primer lugar para la socialización dentro de la compañía. No es la cantina de los condensadores sociales pre-modernos que desarrollaban una misión concreta -solo se comía- y que estaba destinada exclusivamente a los trabajadores de la empresa, sino un nuevo espacio de uso continuado que produce dependencia, un lugar donde conectar, verse y ser visto.

8. Clive Wilkinson. Designing spaces for new ways of working. *Designboom*. May 2014.
http://www.designboom.com/design/clive-wilkinson-on-designing-spaces-for-new-ways-of-working-03-17-2014/

8. Clive Wilkinson. Designing spaces for new ways of working. *Designboom*. Mayo 2014.
http://www.designboom.com/design/clive-wilkinson-on-designing-spaces-for-new-ways-of-working-03-17-2014/

Filing cabinet in the office of Frederick Law
Olmsted. Boston MA.
Archivadores de documentos en el estudio de
Frederick Law Olmsted. Boston MA.
SOURCE: A+T RESEARCH GROUP

The Dalles Data Center was built on the bank of the Columbia River in Oregon due to low land prices and the tax
breaks offered by this State. In the empty areas of the Server Room, –top left– motion sensors automatically shut off the
lights to save energy. The result is the brightness of the world's data filtered through multicolor LED lights.
El centro de datos Dalles se implanta al borde del río Columbia, en Oregón por el reducido precio del suelo y las ventajas fiscales que
proporciona este Estado. En las zonas vacías de la Sala de servidores, –arriba a la izquierda–los sensores de movimiento desconectan las
luces automáticamente para ahorrar energía. El resultado es el brillo de los datos del mundo filtrados a través de luces LED multicolores.
SOURCE: GOOGLE DATA CENTERS

THE CONNECTED OFFICE

Millennials were not raised in libraries but in cafés and in connected third spaces. Their work culture comes from college campuses and the essentials are a laptop, a pair of headphones and caffeine.[9] The laptop removes any dependence on a fixed workplace and enables you to permanently move around as much data and entertainment media as you want. The headphones block out the world and create a personalized floating atmosphere which accompanies employees wherever they go while coffee feeds the non-stop activity now free of any dependence on the solar cycle. This is how we might define the mobile connected office. The Dalles Google Data Center spreads over two industrial 94,000 square-foot buildings staffed by only 80 people due to the high degree of automation. It is located on the banks of the Columbia River, Oregon. It stores e-mails, photos, videos and digital files to be circulated over the Internet and can be accessed by any connected device anywhere on the planet. The same goes for the data centres of the Chinese online giant Alibaba in Hangzhou, Qingdao and Beijing. The interior of the former Western Union building[10] at 60 Hudson Street, NYC is one of the most important Internet nodes in the world where local, national and global fibre optic networks converge. It is the headquarters of Internet content companies guaranteeing greater security and faster data transfer. It is also where the 53 company (see pp 80-83) has based its New York office. These data centres located all over the world absorb the physical information contained in the old filing cabinets, convert it to bits, and save it to groups of servers, with minimum staff.

If the generational shift has changed behaviour, it is technology which has altered the way of accessing and storing information. In the workplaces of the creative class and in those dedicated to administrative tasks the unequivocal relationship between the employees and the physical location where the data

LA OFICINA CONECTADA

Los hijos del milenio no han crecido en bibliotecas, sino en cafés y en terceros espacios conectados. Su cultura del trabajo proviene de los campus universitarios y está sostenida por el ordenador portátil, los auriculares y la cafeína[9]. El portátil suprime la dependencia de un puesto fijo y permite auto-trasportar permanentemente toda la información y entretenimiento que se desee. Los auriculares aíslan del mundo y crean una atmósfera personalizada flotante, que acompaña al trabajador donde quiera que vaya y el café mantiene un nivel de actividad constante e independiente del ciclo solar. Así podría definirse el entorno de la oficina móvil y siempre conectada.

The Dalles Google Data Center se reparte en dos edificios industriales de 8.700 metros cuadrados cada uno, atendidos por una plantilla de sólo 80 personas, debido a su alto grado de automatización. Está situado al borde del río Columbia, en Oregón. Almacena correos, fotos, vídeos y aquellos archivos digitales que puedan circular por la red. Es accesible para todo dispositivo conectado desde cualquier punto del globo. Lo mismo ocurre con los centros del gigante del comercio chino Alibaba en Hangzhou, Qingdao y Beijing. El interior del antiguo edificio de Western Union[10] en 60 Hudson Street de Nueva York es tambien uno de los nodos de Internet más importantes del mundo, donde convergen redes locales, nacionales y globales de fibra óptica. Es sede de algunas compañías de contenidos porque garantiza una mayor seguridad y rapidez en la transmisión de datos. Es también donde se ha instalado la oficina en Nueva York de la empresa 53 (ver páginas 80-83). Estos complejos de datos repartidos por el mundo absorben la información física contenida en los antiguos archivadores de carpetas, la convierten en bits y la guardan en grupos de servidores, huérfanos de personal.

Si la renovación generacional ha modificado comportamientos, la tecnología ha alterado la forma de acceso a la información y la manera de almacenarla. En los espacios de trabajo de la clase creativa y en aquellos dedicados a tareas administrativas se ha destruido la relación unívoca entre el trabajador y el lugar físico

9. Frank Duffy. *Work and the City*. Black Dog Architecture, 2008.
10. Andrew Tarantola. Gizmodo. 2011. http://gizmodo.com/5858571/one-of-the-most-important-internet-hubs-in-the-world-is-in-manhattan

9. Frank Duffy. *Work and the City*. Black Dog Architecture, 2008.
10. Andrew Tarantola. Gizmodo. 2011. http://gizmodo.com/5858571/one-of-the-most-important-internet-hubs-in-the-world-is-in-manhattan

Workspace in the lobby of the ACE Hotel. Shoreditch, London. Universal Design Studio. 2013
Espacio de trabajo en el vestíbulo de ACE Hotel.
SOURCE: A+T RESEARCH GROUP

was kept has been eradicated. The workplace has gained in mobility at the cost of being constantly fed by a supply company. At present, it is the large telecommunications and software firms who pull the strings and set the pace of the evolution of the connected office.

Luchetti and Stone published *Your Office is Where You Are*[11] over thirty years ago at a time when the Internet protocols had not yet been developed. They announced a profound physical shift, based on mobility, which has become a reality. Nonetheless, the underlying transformation which has occurred in terms of the organization of work and its control strategies has been even more far-reaching. In the 1980s, productivity was the target to be achieved within a given space and time. Today, the path to achieving productivity is by conquering the complicity of employees outside this time and space. If a company is able to get an employee to answer an e-mail when they are dining out with friends, to read a sales department report while travelling on the underground, to take a conference call with a client six time zones away at home, to continue a business meeting in the nearest café... there is no productivity target that cannot be met.

Flexible hierarchies, the opportunity to eat at the workplace, undefined hours and the anywhere culture facilitated by mobile technology have dissolved the solidity of the traditional office. Cafés, hotels, homes, stations and airports... are pervaded with the function of work.

The lobby-bar of the Ace Hotel London Shoreditch, designed in 2013 by Universal Design Studio, interacts with the local area. It is on the ground floor of the hotel where the local community can work. It is a space with climate control, free WIFI and a range of services available to the public: an art gallery, a natural juice bar, toilets and a shared working space.

donde se depositaba la información. El puesto de trabajo ha ganado movilidad a costa de estar alimentado constantemente por una empresa nodriza. En este momento, las grandes compañías de telecomunicaciones y de software son las que controlan los hilos y marcan el ritmo evolutivo de la oficina conectada.

Hace casi treinta años que Luchetti y Stone publicaron *Your Office is Where You Are*[11], cuando los protocolos de Internet todavía no estaban desarrollados. Anunciaron un profundo cambio físico, derivado de la movilidad, que se ha confirmado. Pero más intensa si cabe ha sido la transformación soterrada experimentada por la organización del trabajo y sus estrategias de control. En los años ochenta, la productividad era un objetivo que debía conseguirse dentro de un horario y un espacio determinado. Ahora, el camino para alcanzar la productividad pasa por conquistar la complicidad de los empleados fuera de ese tiempo y de ese espacio. Si una empresa consigue que su empleado responda un correo-e cuando está cenando con unos amigos, lea un informe del departamento comercial mientras va en metro, hable por vídeo-conferencia desde su casa con un cliente que está a seis husos horarios de diferencia, continúe una reunión de trabajo en el café próximo... no hay objetivo de productividad que se resista.

La flexibilización de las jerarquías, la posibilidad de alimentarse en el mismo puesto de trabajo, la indefinición de los horarios y la ubicuidad facilitada por la tecnología móvil han disuelto la solidez de la oficina tradicional. Cafés, hoteles, hogares, estaciones, aeropuertos... están impregnados de la función trabajar.

El vestíbulo-bar del Ace Hotel London Shoreditch, diseñado en 2013 por Universal Design Studio, interacciona con el barrio. Ocupa la planta baja del hotel donde la comunidad local puede trabajar. Es un espacio climatizado, con red WiFi libre y con una serie de servicios accesibles al público: galería de arte, local de bebidas naturales, aseos y zona de trabajo compartido.

11. Philip J. Stone, Robert Luchetti. *Your office is where you are.* Harvard Business Review 63/2, 1985 p. 102-117.

11. Philip J. Stone, Robert Luchetti. *Your office is where you are.* Harvard Business Review 63/2, 1985 p. 102-117.

Market Street. Celebration. FL. USA.
SOURCE: ARMOUR HILLS HOMES

Main Street. TBWA/Chiat/Day. Los Ángeles. CA, 1998.
SOURCE: CLIVE WILKINSON ARCHITECTS

1984. Still from the film based upon George Orwell's novel of the same name.
1984. Fotograma de la película basada en la novela homónima de George Orwell.
SOURCE: UMBRELLA-ROSENBLUM/VIRGIN

THE HYPERREAL OFFICE

The concept of hyperreality, formulated in the 1980s, served to clarify phenomena such as Disneyland or Las Vegas and today helps us to understand certain workplaces. Companies wanting to be innovative, in a struggle to keep on talented staff, offer solutions with a visual impact, replacing office cubicles with simulated worlds, rather than incentive payments. The new generation, who have welcomed the virtual décor of the entertainment industry into their lives, prefer a pleasant suggestive environment, far removed from harsh reality, to higher remuneration.

In the experimental microcosm that is Los Angeles, the Celebration Company was launched, a firm promoting the artificial city of the same name promoted by The Walt Disney Company. In reality, Celebration is not even a city but a census-designated place.[12] Its main streets (Market Street and Front Street) are elements reclaimed by New Urbanism to add life to this artificial scheme created from scratch. Indeed Clive Wilkinson Architects, CWA, took the idea for a Main Street-style central axis[13] from Celebration and applied it to the offices of the advertising agency TBWA/Chiat/Day, Los Angeles in 1998.

LA OFICINA HIPERREAL

El concepto de hiperrealidad, formulado en los años ochenta, sirvió para aclarar fenómenos como Disneylandia o Las Vegas, y sirve ahora para entender las claves de algunos espacios de trabajo. Las empresas que quieren ser innovadoras, en la lucha por mantener a sus trabajadores con talento, ofrecen, a falta de incentivos económicos, soluciones visualmente impactantes, que reemplazan la oficina de cubículos por mundos simulados. Las nuevas generaciones, que han incorporado a sus vidas los decorados virtuales de la industria del entretenimiento, prefieren un ambiente agradable y sugerente, alejado de la dura realidad, que una mayor compensación económica.

En el microcosmos experimental que es la ciudad de Los Ángeles, se creó Celebration Company, empresa impulsora de la ciudad simulacro con ese mismo nombre promovida por The Walt Disney Company. En realidad, Celebration no es ni siquiera una ciudad, sino un lugar donde el censo dice que viven personas[12]. Sus calles principales (Market Street y Front Street) son elementos recuperados por el *New Urbanism* para añadir vida a ese planeamiento artificial creado de la nada. Clive Wilkinson Architects, CWA tomó precisamente de Celebration la idea de un eje central[13], al estilo *Main Street*, y lo aplicó en 1998 a las oficinas de la agencia de publicidad TBWA/Chiat/Day en Los Ángeles.

12. According to the 2010 census, the number of inhabitants of Celebration is 7,427. http://www.celebrationinfo.com/demo.htm
13. Nicolai Ouroussoff. 'A work through the looking glass'. *Los Angeles Times*. January 31, 1999. http://articles.latimes.com/1999/jan/31/entertainment/ca-3282

12. Según el censo de 2010, el número de personas que viven en Celebration es 7,427. http://www.celebrationinfo.com/demo.htm
13. Nicolai Ouroussoff. "A work through the looking glass". *Los Angeles Times*. 31 de Enero, 1999. http://articles.latimes.com/1999/jan/31/entertainment/ca-3282

Google Hub. Zurich. Camenzind Evolution. 2007.
SOURCE: CAMENZIND EVOLUTION

This project for an ad agency which creates business ploys has become a paradigm shift. It symbolizes escapism in contemporary business environments through a simulated hyperreal space. 'But the Chiat/Day building is also an idealized model of social engineering. Both Utopian commune and Orwellian nightmare, it is a shrewdly designed 'social condensor' whose inhabitants are carefully sealed off from the outside world with their common goal —which is to create profit for their company— the subtle manipulation of public desire.'[14]

Google exported this trend to Europe in 2007. In the new headquarters (see pp 28-31), close to downtown Zurich, spaces have been included which would have been unthinkable in an office 10 years ago. A rest area with aquariums, a library with fake books, vinyl flooring with a printed sand pattern, old wooden cable car cabins with checked curtains and artificial snow on the floor, stuffed crocodiles... These are theme park sets which offer exciting fictitious worlds because the real versions are out of reach. The aim is for that spark to catch, to achieve synergy between employees and to light up the fire of inspiration in order to boost corporate creativity levels. This is exquisite alienation.

Este proyecto para una empresa de publicidad que crea sus artificios comerciales, se ha convertido en paradigmático. Simboliza el escapismo en los entornos laborales contemporáneos a través de un espacio de simulacro, de hiperrealidad. "El edificio de Chiat/Day es un modelo idealizado de ingeniería social. A la vez comuna utópica y pesadilla orwelliana es un 'condensador social' inteligentemente diseñado, que ha aislado a sus usuarios del mundo exterior mediante un objetivo común —que es producir beneficios para su empresa— una sutil manipulación del deseo colectivo"[14].

Google exportó esta tendencia a Europa en 2007. En su nueva sede (ver páginas 28-31), a un paso del centro de Zúrich, ha incluido espacios impensables hace 10 años en una oficina. Una zona para relajarse con peceras, una biblioteca con libros falsos, pavimento de vinilo con la impresión de arena de playa, antiguas telecabinas de madera con cortinillas de cuadros y nieve artificial por el suelo, cocodrilos disecados... Son decorados de parque temático que ofrecen mundos ficticios y llenos de ilusión, porque los reales son inalcanzables. El objetivo es conseguir que surja esa chispa, esa sinergia entre los empleados y se encienda la lámpara de la inspiración que aumente la creatividad en la empresa. La alienación en modo exquisito.

14. Ibid. 13

14. Ibídem 13

One of the terraces at coworking space Betahaus Barcelona.
Una de las terrazas del coworking Betahaus en Barcelona.
SOURCE: BETAHAUS

THE ADOLESCENT OFFICE

Sam Jacob proclaimed in 2013 the end to the tyranny of the fun office which he defined as 'places of perpetual adolescence, whose playground references sentence their employees to a never-ending Peter Pan infantilism.'[15]

The analytical psychology of Carl Jung established the foundations for one of the most identifiable archetypes of the human psyche: the *puer aeternus*, the eternal child, which has been exploited from the very beginnings of commercial advertising as a sales strategy.[16] The child, as an invincible being, able to overcome all challenges, as a metaphor for the good savage, represents the triumph of the unconscious mind and rebellion against the rationality of modern thought. Over four generations, from the Silent Generation (those born before 1940) to the Millennium Generation (1981-1995), sociologists have observed a constant mutation towards greater infantilization. Tobias van Schneider left school at fifteen to work in a computer store. Today he is Creative Director at Spotify and is responsible for side projects. He states that these projects are only given the go-ahead if they are simple, if it doesn't matter if they fail and if they aren't taken too seriously. This is an attitude that might seem highly irresponsible in a traditional company. However, it illustrates the approach of the creative technology industry which, as it hires young people who have reached adulthood at the turn of the century, aims to remove all remnants of their parents' generation from the office. In the office designed by Schemata Architects and built in 2010 for the graphic designer Kenjiro Sano in Tokyo, the two archetypes of infancy are brought together: Peter Pan and Alice. The passage from the real to the unreal world is made down a tube slide through a looking-glass. The play on scale using oversize lamps shrinks the office users and turns them back into children. It is the transgression of a space with no partitions, which allows employees to focus and brings acoustic comfort at certain points due to the effect created by large semicircular lamps hanging from the ceiling.

LA OFICINA ADOLESCENTE

Sam Jacob proclamó en 2013 el fin de la tiranía de la oficina divertida, a la que definía como "los lugares de la eterna adolescencia, cuyas referencias lúdicas condenan a sus empleados a un infantilismo sin fin, como el de Peter Pan"[15].

La sicología analítica de Carl Jung estableció las bases de uno de los arquetipos más claramente identificables de la mente humana: el *puer aeternus*, eterna adolescencia, que ha sido explotado desde los comienzos de la publicidad comercial como estrategia de venta[16]. El niño, como ser invencible, capaz de superar todas las pruebas, como metáfora del buen salvaje, significa el triunfo del inconsciente y de la rebeldía frente al racionalismo del pensamiento moderno.

En el transcurso de cuatro generaciones, desde la Generación silenciosa (nacidos antes de 1940) a la Generación del Milenio (1981-1995), los sociólogos han detectado una mutación constante hacia una mayor infantilización. Tobias van Schneider abandonó la escuela a los quince años para trabajar en una tienda de ordenadores. Ahora trabaja como Director Creativo en Spotify y se encarga de proyectos laterales. Dice que estos proyectos solo salen adelante si son sencillos, si no importa que fracasen y si no se toman demasiado en serio. Actitud que sería considerada altamente irresponsable en una empresa corporativa tradicional, pero que ilustra la posición de la industria creativa y tecnológica que, al contratar a jóvenes que se han hecho adultos en el cambio de siglo, se esfuerza por hacer desaparecer de sus oficinas todo aquello que ha formado parte de la generación de sus padres.

En la oficina que Schemata Architects construyó en 2010 para el diseñador gráfico Kenjiro Sano, en Tokio, se juntan los dos arquetipos de la infancia: el de Peter Pan y el de Alicia. El paso del mundo real al irreal se realiza dentro de un tobogán de tubo que atraviesa un espejo. El juego de escalas con lámparas de gran tamaño hace pequeños a los usuarios de la oficina y los convierte en niños. Es la transgresión de un espacio sin tabiques, que facilita la concentración y consigue confort acústico en determinados puntos por el efecto de campana que tienen las grandes lámparas semiesféricas colgadas del techo.

15. Sam Jacob. 'Offices designed as fun palaces are fundamentally sinister'. *Dezeen magazine*. 28 February 2013. http://www.dezeen.com/2013/02/28/opinion-sam-jacob-fun-office-design-sinister/
16. Carl Jung. *The psychology of the child archetype. The special phenomenology of the child archetype. The invincibility of the child*. Princeton University Press, 1968 p. 170-173.

15. Sam Jacob. "Offices designed as fun palaces are fundamentally sinister". *Dezeen magazine*. 28 de Febrero, 2013. http://www.dezeen.com/2013/02/28/opinion-sam-jacob-fun-office-design-sinister/
16. Carl Jung. *The psychology of the child archetype. The special phenomenology of the child archetype. The invincibility of the child*. Princeton University Press, 1968 p. 170-173.

Slide out through the mirror. Kenjiro Sano office. Schemata Architects. Tokyo. 2010.
Salida del tobogán a través del espejo.
SOURCE: SCHEMATA ARCHITECTS

Shared space in coworking space Betahaus Berlin.
Espacio de trabajo compartido en el coworking Betahaus de Berlín
SOURCE: BETAHAUS

Gastronomic party at coworking space Betahaus Barcelona.
Actividad gastronómica en el coworking Betahaus de Barcelona.
SOURCE: BETAHAUS

OFFICE SWEET OFFICE

For decades, office work combined with working-at-home to maintain a good work/life balance, with the resulting reduction of downtime spent commuting to the workplace. Nowadays, there is a bivalent relationship between work and the home. The concept of home working remains but home comforts are also being brought into the workplace. This is a strategy which distorts employee perception —in that the office resembles the home— to make them feel at ease. Furthermore, it's not just about feeling at home but also about colleagues becoming family. For those having recently entered the workforce, the Millennium Generation, it is becoming increasingly difficult to find a job with a long-term contract and as a result, to have the opportunity to get on the ladder to forming a conventional family. Most of their work/leisure time is split between the successive functional spaces, loaded with sensory and emotional experiences.

The actual spatial shell is increasingly less important than the atmosphere provided, than its capacity to build hyperrealities and to bolster personal relationships. The realm of work is dissolved into a heteropia 'capable of juxtaposing in a single real place several spaces, several sites that are in themselves incompatible.'[17]

OFICINA, DULCE OFICINA

Desde hace décadas, se combina el trabajo en la oficina con el trabajo en casa para conciliar la vida personal y la laboral, con la consiguiente disminución de los tiempos muertos que se emplean en el traslado al puesto de trabajo. En este momento, la relación entre trabajo y casa es bivalente. Se mantiene el concepto de trabajo en casa, pero además se están incorporando al espacio de trabajo las comodidades caseras. Es una estrategia que distorsiona la percepción de los empleados -la oficina se parece a su casa- para que se sientan a gusto. Y no es solo sentirse como en casa, sino, además, convertir a los compañeros de trabajo en su familia. Para la recién incorporada fuerza de trabajo, la Generación del Milenio, acceder a un puesto fijo, tal como era concebido por las generaciones precedentes, es cada vez más difícil. Como consecuencia, se esfuma la posibilidad de entrar en la rueda de formación de una familia convencional. La mayor parte de su tiempo de trabajo/ocio lo reparte entre sus sucesivos espacios funcionales, dotados de experiencias sensoriales y emocionales.

El contenedor espacial es cada menos importante frente a la atmósfera que desprende, frente a su capacidad para construir hiperrealidades y potenciar relaciones personales. El ámbito del trabajo se disuelve en una heteropía "capaz de yuxtaponer en una única localización concreta varios lugares, varios espacios que son incompatibles en sí mismos"[17].

17. Michel Foucault. *Of other spaces, Heterotopias*. Foucault, Info. http://foucault.info/documents/heterotopia/foucault.heterotopia.en.html

17. Michel Foucault. *Of other spaces, Heterotopias*. Foucault, Info. http://foucault.info/documents/heterotopia/foucault.heterotopia.en.html

Relaxation area in Google Central Headquarters. Penson. London, 2012.
Zona de relajación en las oficinas centrales de Google en Londres.
SOURCE: DAVID BARBOUR

Relaxation area in The Giant Pixel Corporation. Studio O+A. San Francisco, CA, 2013.
Zona de relajación en The Giant Pixel Corporation.
SOURCE: JASPER SANIDAD

It has been argued that the atypical friendly relationships encouraged in some companies, also similar to that existing in some coworking centres where your boss or workmate is also your friend,[18] is just another way of silencing employee demands. This is one of the cunning ploys persisting in business. Betahaus centres are more than just coworking centres: 'it's a happy family living in an amazing house'[19] where you can also work. There are communities in Berlin, Hamburg, Sofia, Copenhagen (Republikken), Vienna and also another in the Gràcia area of Barcelona. The latter is a six-storey 21,500 square-foot building with five terraces. There are sub-spaces where according to those in charge: 'We know that sometimes you want to hold some private callings with your mum or your lover. We created this 'Skype Room' so you can have a cosy and secret call with your clients.'[20]

Each applicant has to have a personal interview with a Betahaus member to be accepted into the family as it is necessary to control the atmosphere, to create good vibrations. It is a place to work, learn, and build prototypes but also where you can eat, drink coffee, meet people, enjoy yourself, have parties and you even have a siesta. It is the new workplace with diluted functions built ad hoc for the Millennium Generation.

Se ha argumentado que la extraña relación de amistad que se promueve en algunas empresas, similar por otro lado a la que existe en muchos coworkings, en donde el jefe, o tu compañero es también tu amigo[18] no es sino una manera de acallar las reivindicaciones de los trabajadores. Es una de las taimadas estrategias que persisten en el mundo laboral. Los espacios Betahaus son más que un coworking: "son una familia feliz, que vive en una casa extraordinaria"[19], y donde además se puede trabajar. Tienen comunidades en Berlín, Hamburgo, Sofía, Copenhague (Republikken), Viena y también en el barrio de Gràcia en Barcelona. Este último es un edificio de 2.000 metros cuadrados en seis pisos, con cinco terrazas. Contienen subespacios donde, según explican los responsables: "sabemos que a veces te gusta hacer llamadas privadas a tu madre o a tu amante. Por eso hemos creado Skype Room donde puedes tener una charla más íntima y secreta con tus clientes"[20].

Cada solicitante debe realizar una entrevista personal con un miembro de betahaus para ser aceptado en la familia, porque es necesario controlar la atmósfera, para que se produzcan buenas vibraciones. Es un lugar para trabajar, aprender, o construir prototipos, pero donde también se come, se toma café, se reúne la gente, se disfruta, se hacen fiestas y hasta se puede echar la siesta . Es el nuevo espacio de trabajo con funciones diluidas construido ad hoc para la Generación del Milenio.

18. Andrew Maynard quoting Salvoj Zizek. Work/life/work balance. archiparlour: women, equity, architecture. 2012. http://archiparlour.org/worklifework-balance/
19. http://www.betahaus.es/community/
20. http://www.betahaus.es/portfolio/skype-rooms/

18. Andrew Maynard citando a Salvoj Zizek. Work/life/work balance. archiparlour: women, equity, architecture. 2012. http://archiparlour.org/worklifework-balance/
19. http://www.betahaus.es/community/
20. http://www.betahaus.es/portfolio/skype-rooms/

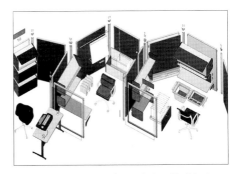

Action Office furniture System designed by Robert
Propst in 1968 for the company Herman Miller.
Sistema de mobiliario Action Office diseñado por Robert
Propst en 1968 para la firma Herman Miller.
SOURCE: WIRED

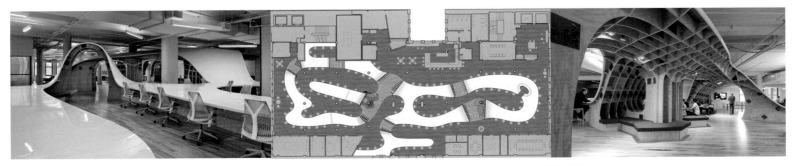

Great desk-landscape for the Barbarian Group. Clive Wilkinson Architects. New York, 2014
Gran mesa-paisaje para la oficina de Barbarian Group.
SOURCE: CLIVE WILKINSON ARCHITECTS

INTERIORS WITHIN INTERIORS

The construction of interiors within interiors has been the resource traditionally used when aiming for focus and privacy in the workplace while also maximising the use of the available space. Flexibility, a prerequisite for modifying the layout of an office, led furniture designers to design compartments independent of the building envelope and this led to the rise of the cubicle. Robert Propst,[21] graphic designer and inventor, who rose to become President of the Herman Miller Research division, created the cubicle. In the 1960s, the Herman Miller company launched an office programme, named Action Office, based on reducing and establishing the working space for each member of staff. In the following decade, this modular element, allowing views over its three panels, was the defining element for building interiors within other interiors.

Clive Wilkinson believes that the first two stages in the modern office which still remain today –the open plan and the cubicle– should be consigned to oblivion. For him, 'cubicles are the worst –like chicken farming. They are humiliating, disenfranchising and isolating. So many American corporations still have them. I'd say 75-80 percent of America is cubicle land. They still want six-feet-high panels around cubicles and I fight clients on this subject constantly because it is so stupid.'[22]

INTERIORES DENTRO DE INTERIORES

La construcción de interiores dentro de interiores ha sido el recurso empleado tradicionalmente cuando se pretendía aumentar la concentración y la privacidad en el espacio de trabajo y a la vez aprovechar al máximo el espacio disponible. La flexibilidad, necesaria para modificar la distribución de una oficina, impulsó a los fabricantes de mobiliario a diseñar compartimentos independientes de la envolvente y fue entonces el gran momento del cubículo. Robert Propst[21], diseñador gráfico e inventor, que llegó a ser Presidente de la división de investigación de Herman Miller, creó el cubículo. En los años sesenta, la empresa Herman Miller impulsó un programa de oficina, denominado Action Office, basado en la reducción y delimitación de la superficie de trabajo para cada empleado. En la siguiente década, este módulo componible, que permitía vistas por encima de sus tres paredes, fue el elemento definitivo para la construcción de interiores dentro de otros interiores.

Clive Wilkinson piensa que las dos primeras etapas de la oficina moderna que todavía persisten –la planta abierta y el cubículo– deberían ser condenadas al olvido. Para él, "los cubículos son lo peor. Igual que granjas de pollos. Son humillantes, anulan la libertad de expresión y aíslan al mismo tiempo. Muchas empresas americanas, yo diría que entre el 75 y el 80%, son todavía territorio-cubículo. Siguen pidiendo paneles de 1,80 metros alrededor de los cubículos y yo lucho constantemente contra esto, porque no tiene sentido"[22].

21. Robert Propst. Designers. Products. Herman Miller. http://www.hermanmiller.com/designers/propst.html
22. Claire Thomas. 'Google was cubicle land when we started designing offices for them'. *Dezeen magazine*. March 2014. http://www.dezeen.com/2014/03/17/office-design-google-clive-wilkinson-interview/

21. Robert Propst. Designers. Products. Herman Miller. http://www.hermanmiller.com/designers/propst.html
22. Claire Thomas. "Google was cubicle land when we started designing offices for them". *Dezeen Magazine*. Marzo 2014. http://www.dezeen.com/2014/03/17/office-design-google-clive-wilkinson-interview/

Cluster of containers in group8 offices in Geneva. Switzerland. 2010.
Poblado de contenedores en las oficinas de group8 en Ginebra. Suiza. 2010.
SOURCE: RÉGIS GOLAY

Within the interior of the space his company designed for the Barbarian Group, an Internet advertising firm in 2014, he installed a huge wavy 1,100-foot object which occupies a large part of the office and references the Fiat test track in Turin.[23] It is a large landscape-table for 125 employees installed in the free space of a standard office building. This orographical item defines its own interiority and creates new relationships concerning the concepts inside/outside and the general space of the office. It has borrowed the idea from other disciplines and applied it to a specific workplace: 'It's about open structure, about making villages in buildings, for taking urban design thinking into large workplaces.'[24] Ever since 1987 when Niels Torp incorporated an interior street with trees into his project for SAS in Stockholm and eleven years later when Clive Wilkinson Architects built the City Advert for the TBWA/Chiat/Day agency, the distinction between interior/exterior has become blurred with public space breaking into the office.

The design of interiors within interiors has become more inventive following the use of references from other disciplines. In 2010 group8 architects chose a nine-metre high former industrial unit near Geneva as their new HQ. In the interior they installed sixteen cargo containers reclaimed from shipping firms, which they preserved in their original state of decay. Within the envelope of the unit, dichotomy has been created between the large space for socializing —open, abstract, white with natural light from above— and the steel containers which concentrate specific activities such as meeting, relaxing, restrooms... This is the analogy of the village with buildings inside a public space or of one interior inside another.

En el interior del espacio que su empresa ha diseñado para Barbarian Group, 2014, una compañía de anuncios en Internet, ha colocado un gran objeto ondulado de 335 metros que ocupa gran parte de la oficina, cuya referencia ha sido tomada de la pista de pruebas de la Fiat en Turín[23]. Es una gran mesa-paisaje para 125 empleados colocada dentro del volumen vacío de un edificio de oficinas estándar. Esta orografía define su propia interioridad y establece nuevas relaciones sobre los conceptos dentro/fuera y el espacio general de la oficina. Toma prestada la idea de otras disciplinas y la aplica a un espacio de trabajo concreto: "Se trata de una estructura abierta, sobre cómo construir poblados dentro de edificios, aplicando ideas del diseño urbano a los grandes espacios de trabajo"[24]. Desde que Niels Torp introdujera, en 1987, una calle interior con árboles en su proyecto para la SAS en Estocolmo y Clive Wilkinson Architects construyera, once años más tarde, la Ciudad Anuncio para la agencia TBWA/Chiat/Day, la distinción entre interior/exterior quedó rota y el espacio público entró en la oficina.

El diseño de los interiores dentro de interiores se ha vuelto más inventivo con la adopción de referencias provenientes de otras disciplinas. Los arquitectos group8 se instalaron, en el año 2010, en un antiguo edificio industrial de nueve metros de altura, cerca de Ginebra. Colocaron en su interior dieciséis contenedores industriales que habían recuperado de empresas de flete marítimo y que mantuvieron en su estado original de deterioro. Dentro de la envolvente de la nave, se produce una dicotomía entre el gran espacio de relación —abierto, abstracto, blanco, con iluminación cenital— y los contenedores metálicos, que concentran actividades específicas como reuniones, relajación, aseo... Es la analogía del poblado, con edificios dentro de un espacio público, o de un interior dentro de otro.

23. Elaine Louie. 'Table Manners at Work'. Home&Garden. *The New York Times*. February 2014. http://www.nytimes.com/2014/02/13/garden/table-manners-at-work.html?_r=1
24. Ibid. 22

23. Elaine Louie. "Table Manners at Work". Home&Garden. *The New York Times*. Febrero 2014. http://www.nytimes.com/2014/02/13/garden/table-manners-at-work.html?_r=1
24. Ibídem 22

'In the absence of long-term security, 'instant gratification' looks enticingly like a reasonable strategy.'[34]

THE DIVERSE OFFICE

The contemporary workplace has derived from successive compression/de-compression. First there was the hierarchical Taylorist office, lacking in sufficient hygiene requirements and with strict hours, which absorbed the private life of the worker. Then came the rational well-lit well-organized office with individual cubicles which allocated each employee the exact amount of air they needed to breathe. Later there was a return to the open landscape office, with free layouts, shrouded in vegetation, which was the forerunner of the de-materialization of the workplace.

Today we are in a far more fluid state which envisages the specialization of space and brand expression. Diversity and identity. The workplace should encompass, not only the two basic tasks already known —individual and group work— but also tasks involving learning and socializing. On the other hand, the brand has come to form part of the programme and its core values should be omnipresent throughout the space.

In a survey conducted by HOK in 2011 using Facebook[25] there were two main responses to the question: What are the current challenges to your productivity when you are at work? These were background noise and the lack of privacy in open-plan offices as well as the usual complaints about heat/cold.

In 2013, Herman Miller launched the Living Office series integrated within the Public Office Landscape, with a wide range of custom design solutions incorporating urban and geographical references: haven, hive, jump space, clubhouse, cove, meeting space, landing, workshop, forum, plaza are the references for the workplaces which aim to embrace formerly non-existent activities such as: chat, converse, co-create, divide&conquer, huddle, show&tell, warm up-cool down, process&respond, contemplate and create.[26]

Adapting these new landscapes to real-time business requirements is a profitable venture for a company. Recently, technology[27] has emerged to manage the use of physical space. This software detects human presence in the workplace allocating vacant workstations to the employees who really need them at a specific time. This can be applied both to workstations shared by several employees and to meeting rooms. This way, space requirements are assessed, taking into consideration that payments on real estate leases are one of the highest corporate overheads. It is a space controller which allocates the workstations according to an algorithm contained in specific software whereby forecasts can be made for up to ten years from now. Reducing space per employee to 100 square feet may lead to cost savings of between 10 and 20% in the building lease.[28] If the contractual terms are favourable it is also possible to sub-let the resulting vacant space leading to an extra revenue stream. Teleworking and transferring employees to shared collaborative working areas can also save a great deal of money for a company.

LA OFICINA DIVERSA

Al espacio de trabajo contemporáneo se ha llegado tras sucesivas compresiones y descompresiones. De la oficina taylorista, jerarquizada, con deficientes condiciones higiénicas y un horario inamovible, que absorbía la vida privada del trabajador, se pasó a la oficina racional, luminosa, ordenada y con cubículos personales que asignaban a cada trabajador el aire para respirar que le correspondía. Después vino otra vez la apertura de la oficina paisaje, con disposiciones libres, rodeadas de vegetación, que anticipaba la desmaterialización del puesto de trabajo.

Ahora estamos en un estado mucho más fluido, que consiste en la especialización del espacio y en la expresión de la marca. Diversidad e identidad. El espacio de trabajo debe responder, no sólo a las dos tareas básicas ya conocidas —trabajo individual y trabajo en grupo— sino también a las tareas de aprendizaje y socialización. Por su parte, la marca forma parte del programa y sus valores deben visualizarse a través del espacio.

En una encuesta llevada a cabo por HOK en 2011 a través de Facebook, las respuestas a la pregunta; ¿cuáles son las actuales dificultades que reducen la productividad en el trabajo?[25], fueron mayoritariamente dos: el ruido de fondo y la falta de privacidad de las oficinas abiertas, además de las consabidas quejas respecto a la ausencia de confort climático.

En 2013, Herman Miller lanzó al mercado la serie Living Office integrada dentro del concepto *Public Office Landscape*, con un amplio abanico de soluciones de diseño particularizadas que incorporan referencias urbanas y geográficas: puertos, ensenadas, hervideros, carcasas, sedes de club social, foros públicos, plazas públicas, trampolines, pistas de aterrizaje... son las referencias de los espacios de trabajo que procuran dan cabida a actividades anteriormente inexistentes como: charlas ocasionales, discusiones, trabajo intensivo en equipo, trabajo en paralelo, reuniones de urgencia, presentaciones, preparación de una reunión y relajación posterior, labores de seguimiento, y reflexión y ejecución en solitario[26].

El ajuste de estos nuevos paisajes a las necesidades laborales en tiempo real es un elemento rentable para una empresa. Recientemente han aparecido tecnologías[27] que controlan el aprovechamiento del espacio físico. Consisten en detectar la presencia humana en el puesto de trabajo y asignar los que están vacantes a los empleados que realmente lo necesitan en un determinado momento. Se puede aplicar tanto a mesas compartidas por varios empleados como a salas de reuniones. De esta manera se consigue aquilatar mejor la necesidad de espacio, teniendo en cuenta que el alquiler del metro cuadrado es uno de los principales gastos fijos de una empresa. Se trata de un controlador de espacio que asigna los puestos según el algoritmo establecido en un software específico, que permite hacer predicciones de hasta diez años. Una reducción del espacio por trabajador a 9 metros cuadrados consigue ahorrar entre un 10 y un 20% de costes en alquileres inmobiliarios[28]. Si las condiciones contractuales son favorables, es posible, además, subarrendar el espacio vacío resultante, con la consiguiente obtención de ingresos añadidos. El trabajo a distancia y la expulsión de los empleados a zonas comunes de trabajo colaborativo es una importante estrategia de ahorro para una empresa.

25. Leigh Stringer. World's largest workplace survey. Using Facebook to transform the workplace. HOK. 2012. http://www.hok.com/uploads/2012/09/17/hokworkplacewhitepapersfinal3.pdf
26. Living Office. Solutions. Products. Herman Miller. 2013. Designed by Yves Béhar/fuseproject. http://www.hermanmiller.com/content/hermanmiller/northamerica/en_us/home/products/solutions/living-office.html
27. AgilQuest's Commander BI technology. http://agilquest.com/
28. Martha C. 'White. Start-up chic goes corporate, as couches replace desks'. Commercial. *The New York Times.* 2013. http://www.nytimes.com/2013/10/09/realestate/commercial/start-up-chic-goes-corporate-as-couches-replace-desks.html?_r=2&

25. Leigh Stringer. World's largest workplace survey. Using Facebook to transform the workplace. HOK. 2012. http://www.hok.com/uploads/2012/09/17/hokworkplacewhitepapersfinal3.pdf
26. Living Office. Solutions. Products. Herman Miller. 2013. Diseñada por Yves Béhar/fuseproject. http://www.hermanmiller.com/content/hermanmiller/northamerica/en_us/home/products/solutions/living-office.html
27. AgilQuest's Commander BI technology. http://agilquest.com/
28. Martha C. 'White. Start-up chic goes corporate, as couches replace desks'. Commercial. *The New York Times.* 2013. http://www.nytimes.com/2013/10/09/realestate/commercial/start-up-chic-goes-corporate-as-couches-replace-desks.html?_r=2&

"En ausencia de seguridad a largo plazo, la 'gratificación instantánea'
despliega sus atractivos como estrategia razonable"[34].

The shift between space dedicated to individual work and group work, between focus and collaboration space is also bringing major changes. Forecasts are seemingly contradictory depending on the financial interests of those conducting the evaluation. On the one hand, it is estimated that in twenty years' time the relationship between private space/shared space in an office will shift from 70/30 to 30/70.[29] In 2013, CoreNet, a global association which defends the interests of corporate offices, released the findings of a survey in which nearly two-thirds of companies questioned stated that the average amount of space per office worker was 150 square feet and just over half projected a future average of only 100 square feet.[30] The space for concentration has been gradually reduced in favour of shared space but everything points to the onset of a 'collaborative space bubble'[31] and it appears that excessive trust has been put in the abilities of employees to focus in the open-plan office. At Gensler they feel the same: 'despite many workplaces designed expressly to support collaboration, time spent collaborating has decreased by 20%, while time spent focusing has increased by 13%.'[32]

Liquids will leak out of any holes in the container and the transfer between focus and collaboration is increasingly common. The global economy and the configuration of the workplace are closely related.[33] If the economy becomes more participatory and more interdependent the same occurs with the workplace. The only singularity is that the same conditions cannot be applied to all workplaces. Each sector has specific requirements such that there will be companies whose employees can assume greater mobility and others who will want to have permanent control of their workforce which will put constraints on the design of the office.

The most recognizable and most widespread phenomenon is the introduction of a wide range of variations in an aim to have spaces where individuals feel at ease. Less defined areas, without a precise physical border, which spread out and instil an aura of lightness, mobility and inconsistency, are being added on to the individual offices, open-plan offices, meeting rooms and service areas which already existed in the solid modernity.

Compared to the solidity of modern utopia, the contemporary office stands on unstable shifting foundations. According to Zygmunt Bauman, the lack of job security is the natural state of modern liquidity where rates of unemployment have become structural. Workplaces aim to simulate unattainable paradises because: 'in the absence of long-term security, 'instant gratification' looks enticingly like a reasonable strategy.'[34]

El trasvase entre el espacio dedicado al trabajo individual y el de grupo, entre la concentración y la colaboración, es el que sufre mayores vaivenes. Las predicciones son contradictorias, según los intereses económicos de quien realiza la valoración. Por un lado, se estima que en veinte años la relación entre espacio privado/espacio compartido en una oficina pasará de 70/30 a 30/70[29]. En 2013, CoreNet, una asociación mundial que defiende los intereses de las oficinas corporativas, dio a conocer los resultados de una encuesta en la que casi dos tercios de las compañías consultadas señalaron que la media de espacio de trabajo disponible por persona era de 14 metros cuadrados y la mitad de las empresas prevé que en cinco años la media bajará hasta 9.30 metros cuadrados[30]. El espacio para concentración se ha ido reduciendo paulatinamente a favor del espacio compartido, pero ya se apunta el comienzo de una "burbuja del espacio colaborativo"[31] y parece que se ha otorgado una confianza excesiva a las habilidades del trabajador para concentrarse en la oficina abierta. En Gensler opinan lo mismo: "a pesar de que muchas oficinas han sido diseñadas expresamente para admitir el trabajo en común, el tiempo que se dedica a compartir ha disminuido un 20%, mientras que el tiempo de trabajo individual ha subido un 13%"[32].

Los líquidos se escurren por cualquier oquedad del recipiente que los contiene y el trasvase entre concentración y colaboración es cada vez más frecuente. La economía a nivel global y la configuración del puesto de trabajo están íntimamente relacionadas[33]. Si la economía se hace más participativa e interdependiente, ocurre lo mismo en el espacio de trabajo. La única particularidad es que no se deben aplicar las mismas condiciones a todos los puestos de trabajo. Cada sector tiene sus requerimientos específicos, por lo que habrá compañías cuyos trabajadores soporten una gran movilidad y otras que quieran tener un control permanente sobre su fuerza laboral y el diseño de la oficina se verá condicionado por ello.

El fenómeno más reconocible y más generalizado es la introducción de una gran diversidad de matices con el fin de conseguir espacios en los que los individuos se sientan a gusto. A los despachos individuales, zonas de oficina abierta, salas de reuniones y zonas de servicio, que ya existían en la modernidad sólida, se están añadiendo áreas menos definidas, sin una delimitación física precisa, que se diseminan y lo impregnan todo con un halo de ligereza, movilidad e inconsistencia.

Frente a la solidez de la utopía moderna, la oficina contemporánea se asienta en una base inestable y cambiante. Según Zygmunt Bauman, la precariedad en el trabajo es el estado natural de la modernidad líquida, con un nivel de desempleo que ha llegado a ser estructural. Los espacios de trabajo intentan simular paraísos inalcanzables, porque "en ausencia de seguridad a largo plazo, la 'gratificación instantánea' despliega sus atractivos como estrategia razonable"[34].

29. Herman Miller. fuseproject. http://www.fuseproject.com/work/herman_miller/public/?focus=overview
30. CoreNet: Office space per workers shrinks to 150 sf. *Building Design + Construction*. 2013. http://www.bdcnetwork.com/corenet-office-space-worker-shrinks-150-sf
31. Richard Kadzis. Vice President, Strategic Communications for CoreNet Global. Ibid. 30.
32. Gensler. *2013 US Workplace Survey*. Key Findings. http://www.gensler.com/uploads/documents/2013_US_Workplace_Survey_07_15_2013.pdf
33. Gensler. *It's the Economy*. Design Forecast, 2013. http://www.gensler.com/uploads/documents/Gensler_Design_Forecast_01_04_2013.pdf
34. Zygmunt Bauman. *The Liquid Modernity*. Polity Press. 2000, p. 189.

29. Herman Miller. fuseproject. http://www.fuseproject.com/work/herman_miller/public/?focus=overview
30. CoreNet: Office space per workers shrinks to 150 sf. *Building Design + Construction*. 2013. http://www.bdcnetwork.com/corenet-office-space-worker-shrinks-150-sf
31. Richard Kadzis. Vice President, Strategic Communications for CoreNet Global. Ibídem 30.
32. Gensler. *2013 US Workplace Survey*. Key Findings. http://www.gensler.com/uploads/documents/2013_US_Workplace_Survey_07_15_2013.pdf
33. Gensler. *It's the Economy*. Design Forecast, 2013. http://www.gensler.com/uploads/documents/Gensler_Design_Forecast_01_04_2013.pdf
34. The Liquid Modernity. Zygmunt Bauman. Polity Press, 2000 p. 189.

WORKSPACES

FROM FUN TO FOCUS

ESPACIOS DE TRABAJO: DE LA DIVERSIÓN A LA CONCENTRACIÓN

In the late 1990s, the young playful spirit of dotcom companies gave rise to a fusion between *homo faber* and *homo ludens* which culminated in a move away from the alienating office and the shunning of the cubicle. From Fun to Focus reflects, through 25 projects, the path leading from the wild waters of the google-offices towards the calmer waters of the quiet office where employees return to adulthood.

A finales de los años noventa, el espíritu lúdico y adolescente de las empresas puntocom propició una fusión entre *homo faber* y *homo ludens*, que culminó con la evasión de la oficina alienada y el abandono del cubículo. De la Diversión a la Concentración refleja, a través de 25 proyectos, la travesía desde las aguas turbulentas de las google-oficinas hasta el remanso de la oficina tranquila, aquella en donde los trabajadores recuperan su edad adulta.

001

CONTENT
Staging a homely atmosphere
Escenificación de un ambiente hogareño

BELONGS TO PROJECT: **GOOGLE CENTRAL**
Penson
London (United Kingdom) 2012

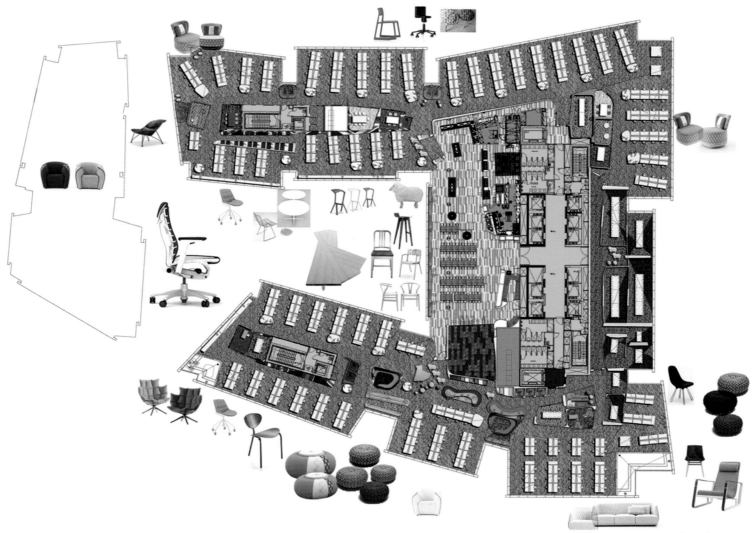

Fourth floor plan Planta cuarta

The option for this Google sales office —occupying 16,000 m² over several storeys of the Central Saint Giles Building, a complex of office and residential units designed by Renzo Piano in 2010— was to recreate the interior of a London townhouse, in its most stereotypical version. The classic fun office preserves all its leisure, sports and social aspects yet the scenes take place in a fake granny flat with upholstered walls and chintz armchairs. As this is an office for customer relationships, the homely atmosphere is fitting to provide trust and conceal the real intentions.

La opción para esta oficina comercial de Google —que ocupa 16.000 m² en varias plantas de Central Saint Giles, un conjunto de oficinas y viviendas diseñado por Renzo Piano en 2010— es recrear el interior de una *townhouse* londinense, en su versión mas estereotipada. La oficina divertida clásica mantiene todos sus componentes de ocio, deporte y socialización, pero las escenas se desarrollan en una pretendida *casa de la abuela*, con paredes mullidas y sillones de cretona. Al tratarse de una oficina de relación con los clientes, el ambiente hogareño es propicio para ofrecer confianza y disimular intenciones.

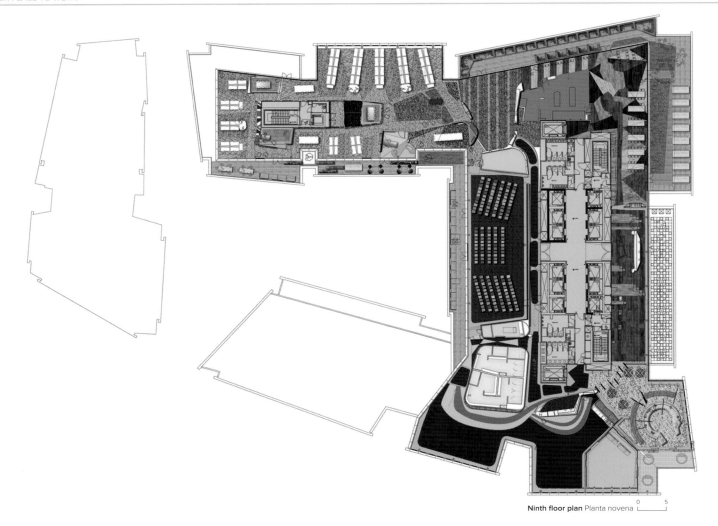

Ninth floor plan Planta novena
0   5

002

CONTENT
Psychologically activating a work space
Configuración psicológica de un espacio de trabajo

BELONGS TO PROJECT:
GOOGLE ZURICH
Camenzind Evolution
Hurlimann Areal, Zurich (Switzerland) 2008

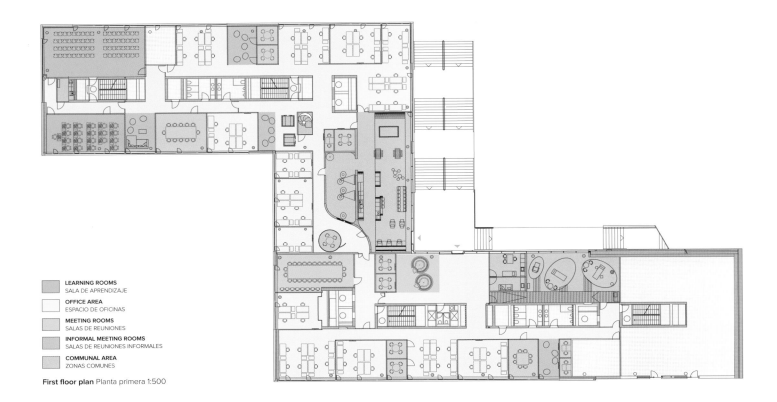

LEARNING ROOMS
SALA DE APRENDIZAJE

OFFICE AREA
ESPACIO DE OFICINAS

MEETING ROOMS
SALAS DE REUNIONES

INFORMAL MEETING ROOMS
SALAS DE REUNIONES INFORMALES

COMMUNAL AREA
ZONAS COMUNES

First floor plan Planta primera 1:500

Following in the footsteps of the Googleplex, built by Clive Wilkinson in Mountain View in 2005, Camenzind Evolution was to come up with the Swiss version of the fun work space three years later. This is a 12,000 m² shell with capacity for 800 employees, located on a reclaimed industrial estate. The layout of the floors brings together the moments for individual and collective work and the time for concentration and socializing, not only due to the spatial organization but also by having created areas of great contrast. In accordance with the project report, it is the employees themselves who want their own space to be as neutral and small as possible and to have a large, evocative and moving meeting place. The office becomes a cocktail of sensory and emotional stimulation aiming to provide psychological comfort to the employees.

Siguiendo la estela de la oficina de Googleplex, realizada por Clive Wilkinson en Mountain View en 2005. Camenzind Evolution aborda tres años más tarde la versión suiza del espacio de trabajo divertido. Se trata de un contenedor de 12.000 m², con capacidad para albergar a 800 empleados, situado en una zona industrial recuperada. La configuración de las plantas combina los momentos de trabajo individual y colectivo, los de concentración y socialización, no solo a través de la organización espacial, también mediante la creación de entornos de contraste extremo. De acuerdo con la memoria del proyecto, son los propios trabajadores los que desean un espacio propio lo más neutro y reducido posible y un lugar de encuentro amplio, sugerente y emocionante.

La oficina se convierte en un cóctel de estímulos sensoriales y emocionales dirigidos a procurar el confort psicológico del empleado.

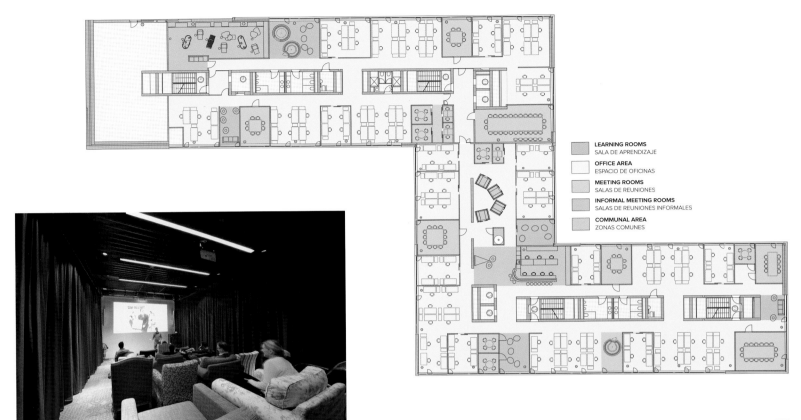

LEARNING ROOMS
SALA DE APRENDIZAJE

OFFICE AREA
ESPACIO DE OFICINAS

MEETING ROOMS
SALAS DE REUNIONES

INFORMAL MEETING ROOMS
SALAS DE REUNIONES INFORMALES

COMMUNAL AREA
ZONAS COMUNES

First floor plan Planta primera 1:500

003

CONTENT
Visualizing (advertising) corporate values
Visualización (propaganda) de los valores de una firma

BELONGS TO PROJECT:
UNILEVER
Camenzind Evolution
Diana, Schaffhausen (Switzerland) 2011

The headquarters of Unilever –a huge company selling basic products which have come to feature largely in our lives– is located in a picturesque town on the Rhine with under 50,000 inhabitants. For the interior of the new building the architects came up with the concept of the *Agile Workplace* that is 'a flexible space facilitating teamwork, staff commitment, health and well-being'. For this, they designed a layout with two identical floors where the spaces for concentration, teamwork and socializing were set out in an open fashion around a central corridor. The interior landscape comprises images of the brands themselves with slogans representing corporate core values.

Las oficinas centrales de Unilever, –una megacompañía de productos básicos de continua presencia en nuestras vidas– están situadas en un pintoresco pueblo de menos de 50.000 habitantes a orillas del Rin. Para el interior del nuevo edificio los autores propusieron el concepto de *espacio de trabajo ágil*, entendido como "un espacio flexible que facilita la colaboración, el compromiso de los empleados, el bienestar y la salud". Para ello disponen dos plantas idénticas en las que los espacios de concentración, de colaboración y de socialización se articulan de manera abierta, en torno a un corredor central. El paisaje interior se compone con las propias imágenes de las marcas y con las consignas que representan los valores de la empresa.

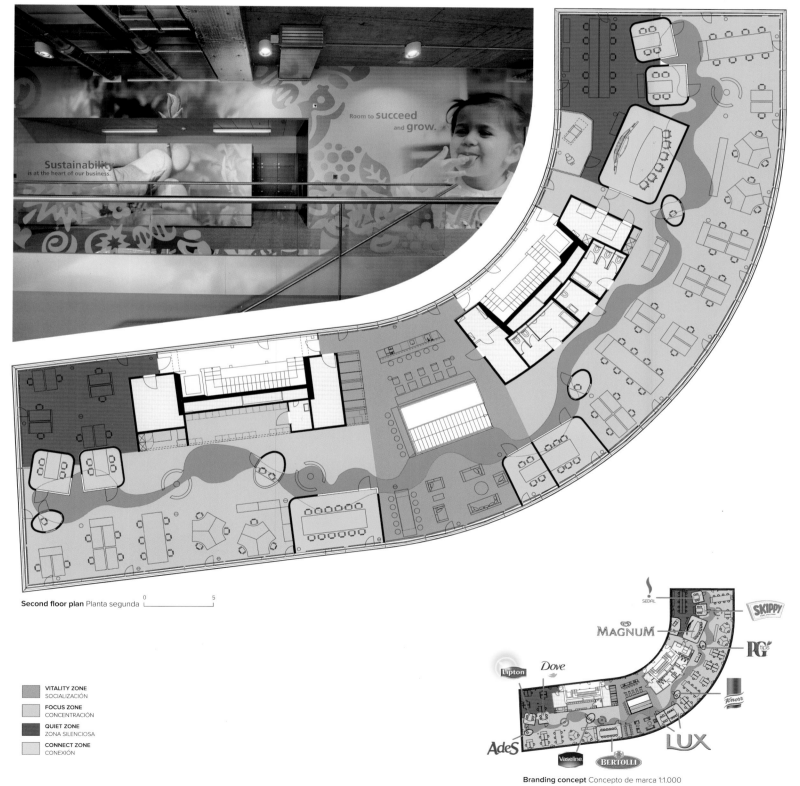

Room to **succeed** and **grow**.

Sustainability is at the heart of our business.

Second floor plan Planta segunda

0   5

VITALITY ZONE
SOCIALIZACIÓN

FOCUS ZONE
CONCENTRACIÓN

QUIET ZONE
ZONA SILENCIOSA

CONNECT ZONE
CONEXIÓN

SEDAL
SKIPPY
MAGNUM
PG tips
Lipton
Dove
Knorr
AdeS
Vaseline
BERTOLLI
LUX

Branding concept Concepto de marca 1:1.000

33

004

CONTENT
Configuring a layout of visual references
Configuración sobre una trama de referencias visuales

BELONGS TO PROJECT: **CISCO MERAKI**
Studio O+A
San Francisco, California (USA) 2013

First floor plan Planta primera 1:500

1 PHONE ROOM	14 LOUNGE	1 CABINA DE TELÉFONO	14 SALÓN
2 COLLABORATION	15 HUDDLE	2 COLABORACIÓN	15 ZONAS DE REUNIÓN INFORMAL
3 OPEN OFFICE	16 LOBBY	3 OFICINA ABIERTA	16 VESTÍBULO
4 ELEVATOR LOBBY	17 STORAGE	4 VESTÍBULO DE ASCENSORES	17 ALMACENAJE
5 PHONE	18 WOMEN	5 CABINAS DE CONEXIÓN	18 ASEOS
6 CONFERENCE	19 MENS	6 SALA DE REUNIONES	19 ASEOS
7 WORK ROOM	20 BREAK AREA	7 SALA DE TRABAJO	20 ZONA DE DESCANSO
8 BREAK OUT	21 MOTHER	8 ZONA DE DESCANSO	21 SALA DE LACTANCIA
9 STORAGE	22 STAIRS	9 ALMACENAJE	22 ESCALERAS
10 SHOWER	23 VIDEO CONF	10 DUCHAS	23 VIDEO CONFERENCIA
11 RECEPTION	24 ELECTRONICS	11 RECEPCIÓN	24 ELECTRÓNICA
12 COFFEE	25 TELECOMMUNICATION	12 CAFÉ/BAR	25 TELECOMUNICACIONES
13 GAME ROOM		13 SALA DE JUEGOS	

The organization of this 110,000 square foot office space is based on creating visual axes which connect the employees to views over the bay. The curtain wall of the existing building enables light to enter the interior area of the floor plan while the programme layout takes the line of the columns as a reference. Taking these two constraints into consideration, the circulation and breakout spaces alternate along long parallel lines. Having few opaque partitions help to curb the monotony of these long routes.

Some of these areas for relaxing and socializing are lower in relation to the level of the floor plan in order to enhance their separation from the circulation routes.

La organización de esta oficina de 10.000 m², en dos niveles, se articula en base a la creación de ejes visuales que conectan a los empleados con las vistas de la bahía. El muro cortina del edificio existente facilita la entrada de luz hasta el interior de la planta, mientras que la disposición del programa toma como referencia la trama de soportes. Teniendo en cuenta ambos condicionantes, los espacios de circulación y de estancia se alternan en líneas paralelas de gran longitud. La escasez de particiones opacas evita la monotonía de estos largos recorridos. Algunas de las zonas de estancia y socialización están rehundidas con respecto a la cota de la planta, para crear una mayor separación con las circulaciones.

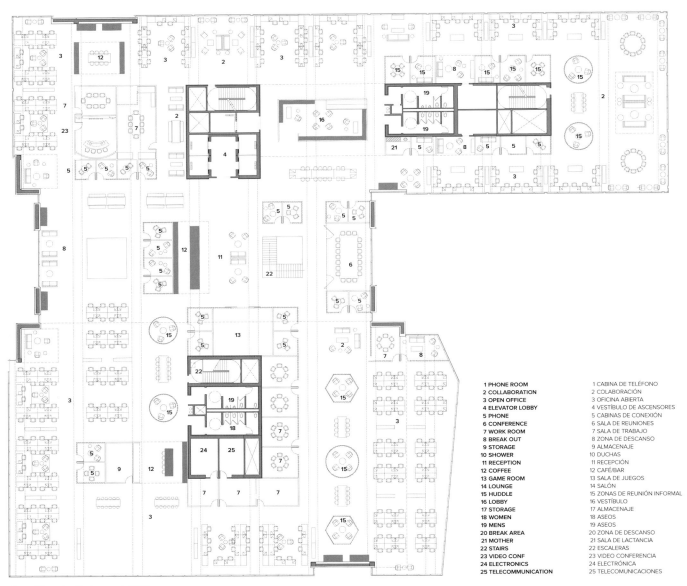

Second floor plan Planta segunda 1:500

1 PHONE ROOM	1 CABINA DE TELÉFONO
2 COLLABORATION	2 COLABORACIÓN
3 OPEN OFFICE	3 OFICINA ABIERTA
4 ELEVATOR LOBBY	4 VESTÍBULO DE ASCENSORES
5 PHONE	5 CABINAS DE CONEXIÓN
6 CONFERENCE	6 SALA DE REUNIONES
7 WORK ROOM	7 SALA DE TRABAJO
8 BREAK OUT	8 ZONA DE DESCANSO
9 STORAGE	9 ALMACENAJE
10 SHOWER	10 DUCHAS
11 RECEPTION	11 RECEPCIÓN
12 COFFEE	12 CAFÉ/BAR
13 GAME ROOM	13 SALA DE JUEGOS
14 LOUNGE	14 SALÓN
15 HUDDLE	15 ZONAS DE REUNIÓN INFORMAL
16 LOBBY	16 VESTÍBULO
17 STORAGE	17 ALMACENAJE
18 WOMEN	18 ASEOS
19 MENS	19 ASEOS
20 BREAK AREA	20 ZONA DE DESCANSO
21 MOTHER	21 SALA DE LACTANCIA
22 STAIRS	22 ESCALERAS
23 VIDEO CONF	23 VIDEO CONFERENCIA
24 ELECTRONICS	24 ELECTRÓNICA
25 TELECOMMUNICATION	25 TELECOMUNICACIONES

005

CONTENT
Recreating a new productive environment
Recreación de un nuevo ambiente productivo

BELONGS TO PROJECT:
THE GIANT PIXEL CORPORATION
Studio O+A
San Francisco, California (USA) 2013

The architects have designed a three-level space in the workshop of a former printer's to accommodate a company which makes apps for games. With the original look of the space, the concrete walls and the timber frame all left unaltered, the project hinges on two objectives. Firstly, to bring character to the environment with three large features: the reception desk, the flex lamp and the shelter-screen which contains a coded message perforated into the steel. Secondly, to have a hybrid work/breakout space as relaxing as possible. Indeed, it even has a fireplace. The basement is furnished with all the typical items in a bar for the staff to be able to invite their friends round to show off the space. A space full of multiple meanings envisaging the new look of productivity.

En los talleres de una antigua imprenta, los autores desarrollan un espacio en tres alturas para alojar una empresa dedicada a las aplicaciones para juegos. Sin perturbar el aspecto original del espacio, muros de hormigón y estructura de madera, el proyecto se articula sobre dos objetivos. El primero, dar carácter al ambiente a través de tres grandes elementos: la mesa de recepción, la lámpara de flexos y la pantalla-marquesina con un mensaje en código perforado en el acero. El segundo, objetivo es conseguir un espacio híbrido de trabajo y estancia, lo más relajado posible, chimenea incluida. El sótano está amueblado con todos los elementos de un bar para que los empleados puedan invitar y presumir frente a sus amigos. Un espacio lleno de múltiples significados sobre la nueva apariencia de la productividad.

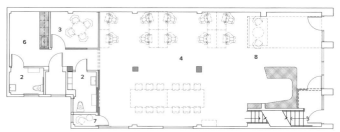

First floor plan Planta primera

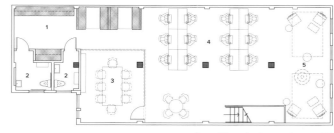

Second floor plan Planta segunda 1:250

1 STORAGE	1 ALMACENAJE
2 REST ROOM	2 ASEOS
3 CONFERENCE	3 REUNIONES
4 OPEN OFFICE	4 OFICINA ABIERTA
5 LOUNGE	5 SALÓN
6 BREAK ROOM	6 ZONA DE DESCANSO
7 PHONE ROOM	7 CABINA DE TELÉFONO
8 RECEPTION	8 RECEPCIÓN

006

CONTENT
Fragmenting space with printed wallpaper
Fragmentación del espacio con papel pintado

BELONGS TO PROJECT: **DISSENY HUB BARCELONA**
Baas
Barcelona (Spain) 2013

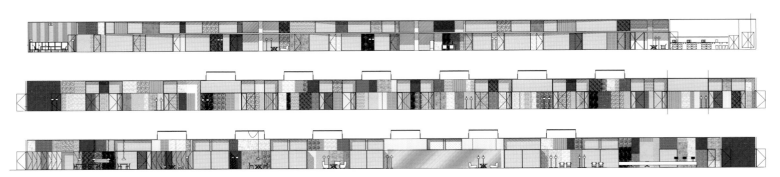

Wallpaper elevation Alzado de papeles pintados

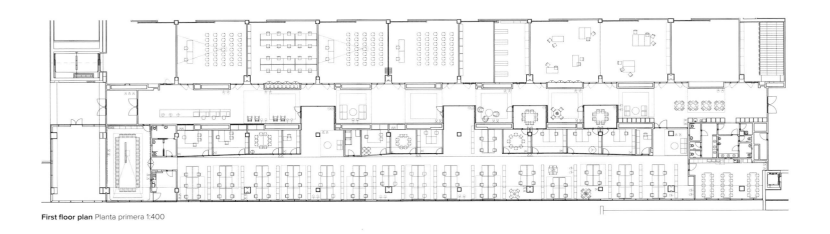

First floor plan Planta primera 1:400

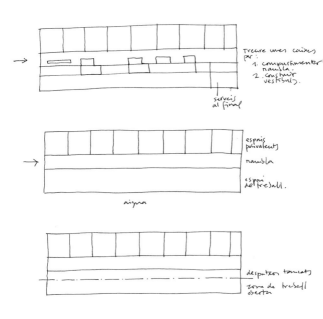

The decision to create a printed paper collage runs the risk of concealing, by a purely decorative action, a clearly architectural strategy as that of altering the perception of a long narrow space. The mural design, using strips of paper and incorporating boxes which break up the linearity, marks out the central circulation space and creates different areas of use. A cornice at a height of 2.10 m gives a more homely feel to the conventional office.

The open-plan work areas, the offices, the events areas and the meeting and circulation *rambla* flow in parallel strips.

La decisión de crear un collage de papeles pintados corre el riesgo de enmascarar, bajo un gesto puramente decorativo, una estrategia netamente arquitectónica como es la de alterar la percepción de un espacio largo y estrecho. La composición mural a base de franjas de papel, junto con la introducción de cajas que interrumpen la linealidad, articulan el espacio central de circulación y crean distintas zonas de uso. La disposición de una cornisa a la altura de 2,10 m confiere una escala más doméstica a la planta convencional de oficinas.

Las zonas de trabajo abiertas, los despachos, las zonas de eventos y la *rambla* de encuentro y circulación discurren en bandas paralelas.

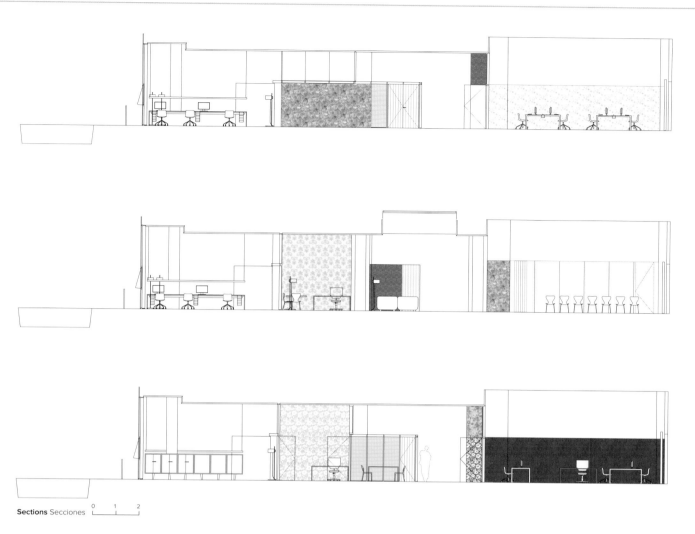

Sections Secciones
0   1   2

007

CONTENT

Generalized use of polyurea spray
Configuración de una oficina con aerosol de poliurea

BELONGS TO PROJECT: **OFFICE 3**
i29 Interior Architects
Amsterdam (Netherlands) 2009

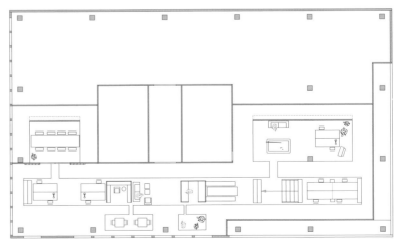

Floor plan layout Disposición de la planta 1:250

Limited resources created an opportunity to set up a temporary office space in a former newspaper office. The architects bought second-hand furniture on eBay and sprayed this, as well as decorative elements and part of the surfaces of the premises, with environmentally-friendly polyurea spray creating a sort of staged spaces for the different work areas. The client, an advertising firm, had leased the space for a limited period hence work on the building itself was not financially viable. By applying colour to all the furnishings, the impact of the action was assured and costs were kept down.

La economía de medios fue una oportunidad para configurar un espacio de oficina temporal en la antigua redacción de un periódico. Los autores recolectaron muebles de segunda mano en eBay y los sometieron a un baño de aerosol de poliurea, de bajo impacto ambiental, con el que impregnaron también elementos decorativos y parte de las superficies del local, creando espacios escenográficos para las distintas zonas de trabajo. El cliente, una empresa de publicidad, había alquilado el espacio por un tiempo reducido, por lo que intervenir sobre lo construido no era asumible. Mediante la aplicación de un color a todos los elementos de mobiliario, el impacto de la actuación quedaba asegurado con un coste reducido.

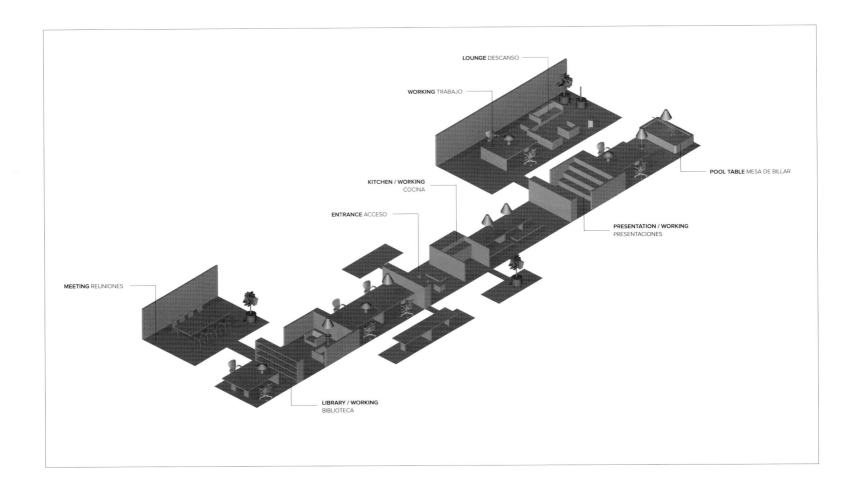

LOUNGE DESCANSO

WORKING TRABAJO

KITCHEN / WORKING
COCINA

ENTRANCE ACCESO

POOL TABLE MESA DE BILLAR

PRESENTATION / WORKING
PRESENTACIONES

MEETING REUNIONES

LIBRARY / WORKING
BIBLIOTECA

008

CONTENT
Empowering the void as public space
Potenciación del vacío como espacio público

BELONGS TO PROJECT: **ALTA DIAGONAL BUILDING**
Fargas & Tous (Original building, 1992) Baas (Intervention)
Barcelona (Spain) 2013

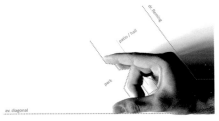

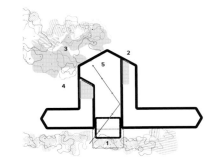

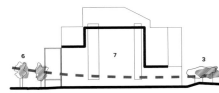

1 ENTRANCE
2 CAFE
3 GARDEN
4 CONFERENCE ROOM
5 PLAZA
6 AVENIDA DIAGONAL
7 HALL/LOBBY

1 ENTRADA
2 CAFETERÍA
3 JARDÍN
4 AUDITORIO
5 PLAZA
6 AVENIDA DIAGONAL
7 VESTÍBULO

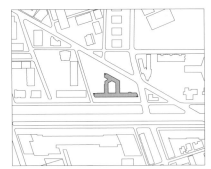

Site plan Plano de situación 1:10.000

The Baas intervention on the former building by Fargas & Tous was to update the architects' original idea: to build a large void for public use surrounded by work spaces rather than adding another office building to the city. The lobby is a large covered plaza, whose original vegetation was removed by Baas to facilitate affordable maintenance and greater legibility of the interior facades. The inclusion of an auditorium and a cafeteria strengthens the intensity of a space which reaches out to the exterior through a garden which borders the north facade of the building. The work is rounded off with an energy-efficiency upgrade, one of the main aims of the project.

La intervención de Baas sobre la obra de Fargas & Tous viene a actualizar la idea original de los autores: construir un gran vacío de uso público rodeado de espacios de trabajo, en vez de añadir otro edificio de oficinas a la ciudad. El vestíbulo es una gran plaza cubierta, a la que Baas ha despojado de la vegetación original en aras de un mantenimiento asequible y una mejor legibilidad de las fachadas interiores. La inclusión de un auditorio y una cafetería potencian la intensidad de un espacio que se prolonga en el exterior mediante un jardín que bordea la fachada norte del edificio.

La mejora de la eficiencia energética, uno de los principales objetivos del proceso del proyecto de intervención, completa la actuación.

Ground floor plan Planta baja 1:1.000

009

Creating a social space using the staircase

Creación de espacio de encuentro mediante una escalera

BELONGS TO PROJECT: **DE BURGEMEESTER COMPLEX**
Studioninedots
Hoofddorp, Amsterdam (Netherlands) 2013

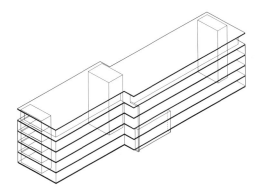 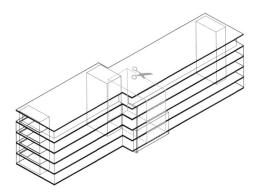 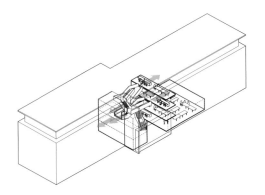

This project addressed the conversion of former offices into a new work space. This was one of the derelict buildings that had been part of the Vacant NL exhibition presented in the Dutch pavilion at the Venice Biennale 2010. Originally designed for one single company, the financial situation made it necessary to rethink the project and convert part of the building into offices to let with shared access. Given the change to the programme, the project architects put forward the idea of creating a live space in the access hub to make the activity on the different storeys visible and facilitate user interaction. Structural components were cut away and a 14 m vertical lobby was carved, into which metal-framed stairs with simple plywood cladding were installed. The floor structure was left exposed and custom-made railings added.

El proyecto aborda la conversión de unas antiguas oficinas en un nuevo espacio de trabajo, Se trata de uno de los edificios en desuso incluidos en la exposición Vacant NL, presentada en el pabellón de Holanda en la Bienal de Venecia 2010. Pensado en un principio para una única empresa, la situación económica obligó a reconsiderar el proyecto y convertir parte del edificio en oficinas de alquiler con accesos compartidos. Ante el cambio de programa, los autores del proyecto propusieron crear un espacio vital en el eje de acceso, que hiciera visible la actividad de las plantas y facilitara el encuentro entre los usuarios. Cortaron los forjados y excavaron un vestíbulo vertical de 14 m en el que introdujeron una escalera con estructura metálica, recubierta de contrachapado de madera. Dejaron a la vista la estructura de las plantas y añadieron barandillas de madera de muy bajo coste.

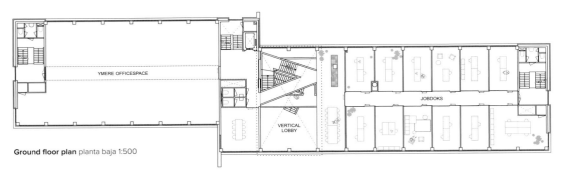

Ground floor plan planta baja 1:500

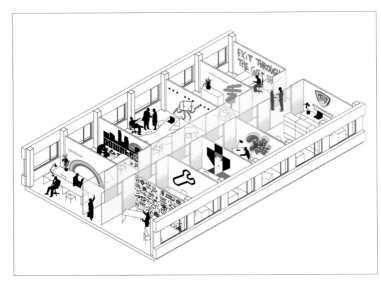

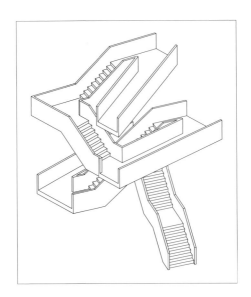

010

CONTENT

Converting a former brewery into a digital agency
Conversión de una antigua cervecera en agencia digital

BELONGS TO PROJECT: **LBi OFFICES**
Brinkworth
East London (United Kingdom) 2008

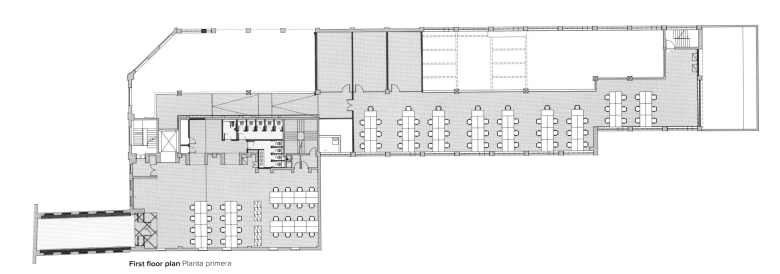

First floor plan Planta primera

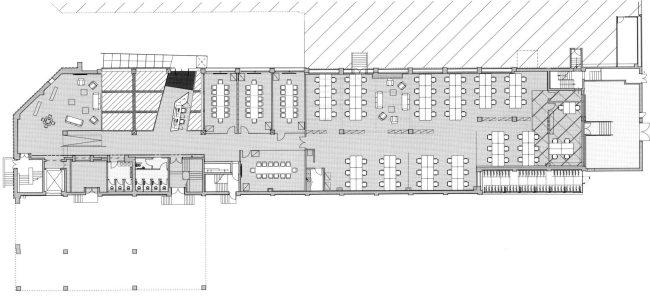

Ground floor plan Planta baja

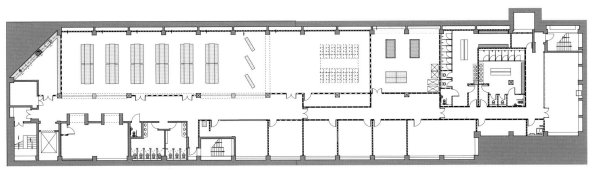

Basement Sótano 1:500

The Atlantis Building is part of an old brewery in East London and houses the offices of a digital company with over 500 staff working on-site. To fit in so many staff and to enhance the liveability of the space, the authors focused on adding and removing structural elements. In terms of adding, they took advantage of the original 10 m height between floor slabs to insert two new levels hanging from the structural elements. And inversely, they cleared part of the floor slabs to create a visual connection between the different storeys of the building and to bring daylight to the interior of the floors and to the basement which was also incorporated into the work areas. The lobby was converted to a monumental void so as to show off the size of the company.

El edificio Atlantis es parte de la antigua cervecera Truman, en el Este de Londres, y alberga las oficinas de una empresa digital en la que trabajan alrededor de 500 personas. Para dar cabida a tal cantidad de puestos de trabajo, los autores trabajaron con la adición y la sustracción de los forjados. En sentido aditivo aprovecharon las alturas originales de 10 m entre losas para introducir dos niveles nuevos que cuelgan desde los propios forjados.

Y en sentido contrario, vaciaron parte de las losas para crear una conexión visual entre los diferentes niveles del edificio y llevar iluminación natural al sótano, que está incorporado a las zonas de trabajo, y al centro de las plantas. El vestíbulo de entrada se convierte en un vacío monumental que refleja el tamaño de la compañía.

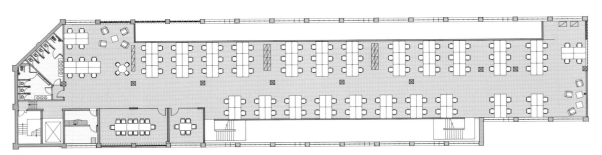

Mezzanine Entreplanta

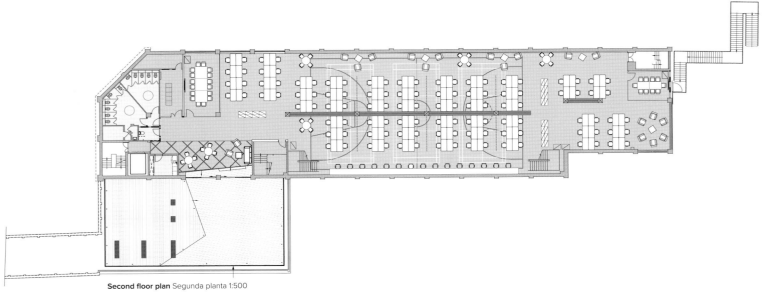

Second floor plan Segunda planta 1:500

011

CONTENT

Incorporating an atrium into a shared space

Incorporación de un atrio al espacio compartido

BELONGS TO PROJECT: **CLUB CHANCERY LANE**
Studio Tilt
London (United Kingdom) 2013

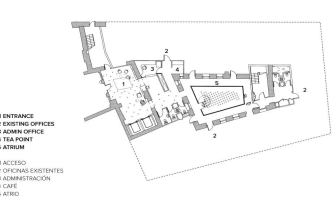

1 ENTRANCE
2 EXISTING OFFICES
3 ADMIN OFFICE
4 TEA POINT
5 ATRIUM

1 ACCESO
2 OFICINAS EXISTENTES
3 ADMINISTRACIÓN
4 CAFÉ
5 ATRIO

Ground floor plan Planta baja 1:500

Converting a former patents office into a coworking centre led the developers to rethink the circulation atrium as a space for users to socialize and relax. On the other hand, the area between the building entrance and the atrium also had to accommodate the programme of uses. As in the case of other Studio Tilt projects, the different possibilities for occupancy are based on furniture designs customized for each option, from the safe desk to the multi-purpose counter. The sofa-booths are also their own design.

La reconversión de una antigua oficina de patentes en espacio de coworking obligó a los promotores a repensar el atrio de circulaciones como parte del espacio de relación y estancia de los usuarios. Por otra parte, la zona entre la entrada del edificio y el atrio debía acoger igualmente parte del programa de usos. Al igual que en otros proyectos de Studio Tilt, las diferentes posibilidades de ocupación se basan en un diseño de mobiliario customizado para cada opción, desde el pupitre securizado hasta el mostrador multiusuario. Los sofás-cabina también son de diseño propio.

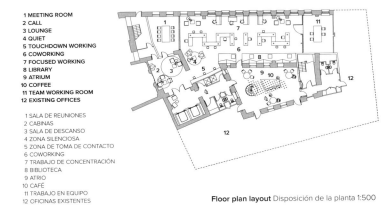

1 MEETING ROOM
2 CALL
3 LOUNGE
4 QUIET
5 TOUCHDOWN WORKING
6 COWORKING
7 FOCUSED WORKING
8 LIBRARY
9 ATRIUM
10 COFFEE
11 TEAM WORKING ROOM
12 EXISTING OFFICES

1 SALA DE REUNIONES
2 CABINAS
3 SALA DE DESCANSO
4 ZONA SILENCIOSA
5 ZONA DE TOMA DE CONTACTO
6 COWORKING
7 TRABAJO DE CONCENTRACIÓN
8 BIBLIOTECA
9 ATRIO
10 CAFÉ
11 TRABAJO EN EQUIPO
12 OFICINAS EXISTENTES

Floor plan layout Disposición de la planta 1:500

012

CONTENT

Inserting a coworking space into a basement
Inserción de un espacio de coworking en un sótano

BELONGS TO PROJECT: **CLUB BANKSIDE**
Studio Tilt
London (United Kingdom) 2012-2013

1 TOUCHDOWN
2 DEDICATED WORKING
3 FOCUSED WORKING
4 KITCHEN
5 HOST SPACE
6 BREAKOUT
7 COWORKING
8 LIBRARY
9 STAIR TO NOWHERE
 BREAKOUT SEATING
10 MEMBERS STORAGE
11 ANALOGUE & DIGITAL
 INTERACTIVE MEMBERS WALL
12 HIDDEN ENTRANCE

1 ZONA DE TOMA DE CONTACTO
2 PUESTOS ASIGNADOS
3 ÁREA DE CONCENTRACIÓN
4 COCINA
5 VESTÍBULO
6 ZONA DE DESCANSO
7 COWORKING
8 BIBLIOTECA
9 ESCALERA A NINGUNA PARTE
 COMO ZONA DE ESTANCIA
10 ALMACENAJE ASIGNADO
11 MURO INTERACTIVO
12 ENTRADA SECRETA

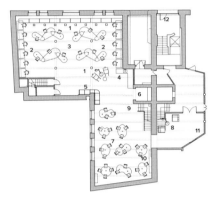

Floor plan layout
Disposición de la planta 1:500

The main issue with installing a work space in a basement is the lack of daylight and the low height of the ceilings. The strategy adopted by the architects to offset these two issues was to fit a section of galvanized steel trays hanging from the ceiling, into which LED lamps were inserted. There are no interior partitions and the work stations are only differentiated by the furniture.

La principal dificultad de instalar un espacio de trabajo en un sótano es la ausencia de iluminación natural y la reducida altura de los techos. La estrategia que utilizan los autores para combatir ambos inconvenientes es disponer una trama de bandejas de acero galvanizado suspendidas del techo, en las que insertan unas lámparas LED. No hay particiones interiores y los puestos de trabajo se diferencian exclusivamente por el mobiliario.

013

CONTENT

Low-cost furniture design for coworking spaces
Diseño de mobiliario de bajo coste para coworking

BELONGS TO PROJECT:

CLUB CHISWICK
Studio Tilt
London (United Kingdom) 2013

Space layout when events are on
Disposición del espacio para celebración de eventos

1 SKYPE SPACE	5 BREAK OUT
2 TOUCHDOWN WORKING	6 COFFEE
3 DEDICATED WORKING	7 BANDSTAND
4 FOCUSED WORKING	8 EVENTSPACE
	9 ENTRANCE
	10 COWORKING

Space layout as working area
Disposición del espacio como zona de trabajo 1:500

1 ESPACIO SKYPE	6 CAFÉ
2 ZONA DE TOMA DE CONTACTO	7 GRADERÍO
3 PUESTOS ASIGNADOS	8 ZONA PARA EVENTOS
4 CONCENTRACIÓN	9 ACCESO
5 ZONA DE DESCANSO	10 COWORKING

The intervention is based on using pieces of furniture purpose-designed by the architects for coworking spaces. By using very simple craft-based technology and low-cost materials, they propose solutions according to the activity and the continuity. The seating stand is the most multifaceted item –it serves as a rest place, for casual meetings, watching events....– the articulated tables provide a larger workspace for specific times and the folding tables are for members who want to have their own area with optional storage space. A curtain divides the space in two when events are on.

La intervención se basa en la utilización de elementos de mobiliario diseñados expresamente por los autores para espacios de coworking. Partiendo de una elaboración artesanal de tecnología muy sencilla y con materiales de bajo coste, proponen soluciones en función de la actividad y de la continuidad. La grada es el elemento mas polifacético –sirve para estancia, encuentros informales, asistencia a eventos...– las mesas articuladas procuran un espacio de trabajo más amplio para momentos puntuales y las mesas-maleta son para socios que desean tener un espacio propio y con posibilidad de almacenaje.
Una cortina separa el espacio en dos cuando se celebran eventos.

014

CONTENT

Setting up a coworking centre in a historic building
Configuración de un coworking en un edificio histórico

BELONGS TO PROJECT: **CLUB LONDON BRIDGE**
Studio Tilt
London (United Kingdom) 2013

The aim of this intervention is to uncover the construction features of the building, a 19th Century tannery, in order to give some historical character to the interior of the coworking centre. New compartmentalization elements and furniture are added to the original timber structures, the brick walls and the metal columns which, unlike other projects by the same studio, are rather restrained in their layout. The space of the round section, for breakout and events, and the untreated wooden latticework, which helps organize the space, stand out.

El objetivo de esta intervención es descubrir los elementos constructivos característicos del edificio, una curtiduría del siglo XIX, para conseguir un interior de carácter histórico en el que se desarrolla un programa de coworking. A las estructuras originales de madera, los muros de fábrica y los soportes metálicos se añaden los nuevos elementos de compartimentación y mobiliario que, a diferencia de otros proyectos del mismo estudio siguen una configuración mas sobria. Destacan el espacio de la rotonda, destinado a estancia y eventos y las celosías de madera sin tratar que ordenan el espacio.

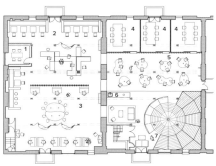

1 MEETING
2 DEDICATED WORKING
3 TOUCHDOWN
4 TEAM
5 COWORKING
6 KITCHEN
7 EVENTS AND BREAKOUT

1 SALA DE REUNIONES
2 PUESTOS ASIGNADOS
3 ZONA DE TOMA DE CONTACTO
4 TRABAJO EN EQUIPO
5 COWORKING
6 COCINA
7 ESPACIO PARA EVENTOS
  Y DESCANSOS

Floor plan layout Disposición de la planta 1:500

015

CONTAINER + CONTENT
Restoring the original space with mirrors
Restauración del espacio original mediante espejos

BELONGS TO PROJECT: **DMVA OFFCE 2**
dmva
Mechelen (Belgium) 2011

Cross section Sección transversal

1 ENTRANCE
2 OFFICE MAHLA
  LAWYERS
3 STAIRCASE
4 OFFICE DMVA
  ARCHITECTS
5 APARTMENT

1 ACCESO
2 OFICINAS DE
  MAHLA ABOGADOS
3 ESCALERA
4 OFICINA DMVA
  ARCHITECTS
5 VIVIENDA

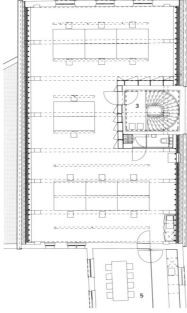

Second floor plan Planta segunda 1:250

Incorporating the architects' own office into this 14th Century building was part of an integrated refurbishment plan for the whole complex, a former convent which had lain derelict for over 20 years. Work undertaken on the building over the years had included adding a 19th Century staircase and servant bedrooms. In order to return the building to the perception of the original space, the architects removed the partition walls and the false ceilings, leaving the timber frame exposed, and installed insulation on the exterior. Given the difficulty of removing the access stairs, they chose to conceal them with floor-to-ceiling 'cupboards' covered with mirrors.

The tables are made from doors resting on purpose-built crowfoot-like recycled timber legs. To prevent filing cabinets from taking up even more space they have been mounted on wheels and so can easily be moved around the office as required.

La introducción de la propia oficina de los autores en este edificio del siglo XIV forma parte de un plan integral de recuperación de todo el conjunto, una antiguo convento abandonado durante más de 20 años. Las intervenciones sufridas por el edificio a lo largo de su vida incluían una escalera del siglo XIX y dormitorios de servicio. Para devolver al edificio la percepción de su espacio original, los autores suprimieron las particiones y los falsos techos, dejando a la vista la estructura de madera, y añadieron el aislamiento por el exterior. Ante la dificultad de eliminar la escalera de acceso, optaron por envolverla en armarios revestidos con espejos de suelo a techo.

Las mesas están hechas con puertas que se apoyan sobre unos pies diseñados especialmente con cuatro patas de madera reciclada. Para evitar que los archivadores ocuparan aún más espacio debajo de las mesas, están montados en carretillas que pueden desplazarse por la oficina según las necesidades.

016

CONTENT
Defining areas with lighting
Definición de zonas de uso mediante la iluminación

BELONGS TO PROJECT: **NOVA ISKRA DESIGN INCUBATOR**
Studio Petokraka
Belgrade (Serbia) 2012

The need to join forces lies behind this coworking space in existing premises where several architects and designers share work, meeting and workshop areas. With minimal action on what they found there, the architects installed a glass cube at the centre of the room to house the mock-up workshop while the rest of the main space is open-plan. There are permanent sight lines between all areas. As the floor plan is very deep, it is the artificial lighting which establishes the differences between uses: the circulation spaces are differentiated with lines of hanging lights, the lower floor access is marked out with a large rectangular element the size of the opening, the canteen is lit with shades hanging from the ceiling and the workbench with a lamp which concentrates light.

La necesidad de aunar esfuerzos origina este espacio de coworking en un local existente, en el que varios arquitectos y diseñadores comparten las zonas de trabajo, de reunión y de taller.

Con una intervención mínima sobre lo encontrado, los autores colocan un cubo de vidrio en el centro de la sala, en el que se sitúa el taller de maquetas, mientras que el resto del espacio principal queda abierto. La conexión visual entre todas es permanente. Al tratarse de una superficie de gran profundidad son las luminarias las que establecen las diferencias entre los usos: los espacios de circulación se distinguen con líneas de luminarias suspendidas, el acceso a la planta baja está marcado con una gran pieza rectangular del tamaño del hueco, la cantina se ilumina con tulipas colgantes y el banco de trabajo con una lámpara que concentra la luz.

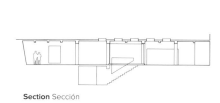

Section Sección

1 TOILETS   1 ASEOS
2 BREAKOUT   2 ZONA DE ENCUENTRO
3 DEDICATED   3 OFICINA ASIGNADA
   OFFICE   4 ZONA DE APRENDIZAJE
4 LEARNING   5 TALLER
5 WORKSHOP   6 COWORKING
6 COWORKING   7 SALA DE REUNIONES
7 MEETING ROOM

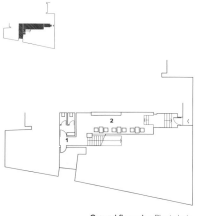

Ground floor plan Planta baja

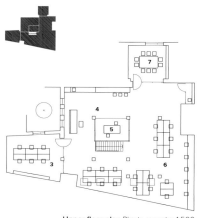

Upper floor plan Planta superior 1:500

017

CONTENT
Creating a working plinth which supports a void
Creación de un zócalo de trabajo que soporta un vacío

BELONGS TO PROJECT: **FIFTYTHREE
+ADD**
New York City (USA) 2014

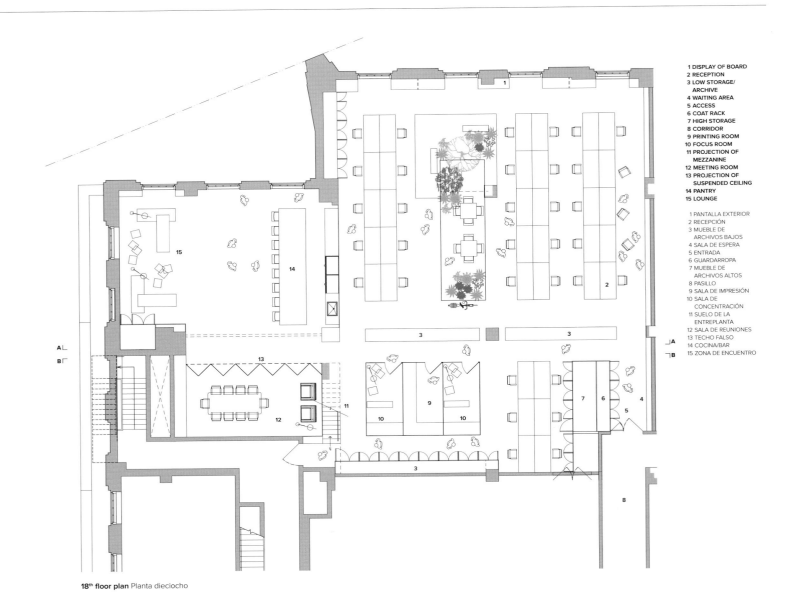

1 DISPLAY OF BOARD
2 RECEPTION
3 LOW STORAGE/
   ARCHIVE
4 WAITING AREA
5 ACCESS
6 COAT RACK
7 HIGH STORAGE
8 CORRIDOR
9 PRINTING ROOM
10 FOCUS ROOM
11 PROJECTION OF
   MEZZANINE
12 MEETING ROOM
13 PROJECTION OF
   SUSPENDED CEILING
14 PANTRY
15 LOUNGE

1 PANTALLA EXTERIOR
2 RECEPCIÓN
3 MUEBLE DE
   ARCHIVOS BAJOS
4 SALA DE ESPERA
5 ENTRADA
6 GUARDARROPA
7 MUEBLE DE
   ARCHIVOS ALTOS
8 PASILLO
9 SALA DE IMPRESIÓN
10 SALA DE
   CONCENTRACIÓN
11 SUELO DE LA
   ENTREPLANTA
12 SALA DE REUNIONES
13 TECHO FALSO
14 COCINA/BAR
15 ZONA DE ENCUENTRO

18th floor plan Planta dieciocho

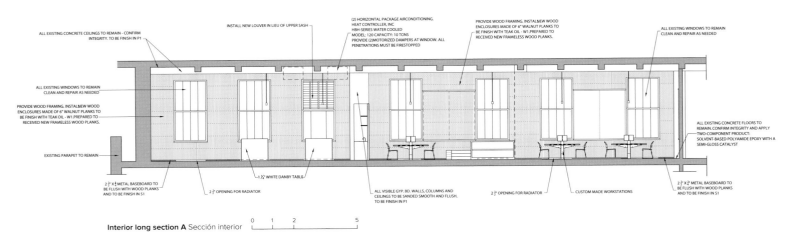

Interior long section A Sección interior

This intervention took place in the interior of a 1920s office building. With a 4.50 m height between supporting structures and large 3 m-high windows on the facade, the monumentality of the space enabled a layout to be implemented with dual interpretation: a compartmentalized base up to 1.20 m incorporating parallel rows of desks and a free space above this height. The choice of walnut for the furniture and the storage systems further enhances the perception of this dual landscape. The installations have been left exposed, creating an upper suspended layer. The more private spaces are located in transparent booths and the rest and events area is on the rear part of the floor, making the most of the views over the city.

La intervención se desarrolla en el interior de un edificio de oficinas de los años 20. Con una altura entre forjados de 4,50 m y unos ventanales en fachada de 3 m de alto, la monumentalidad del espacio permite configurar una planta con una doble lectura: un zócalo compartimentado hasta 1,20 m mediante bandas paralelas de puestos de trabajo y un vacío a partir de esa altura. La elección de la madera de nogal para el mobiliario y sistemas de almacenamiento facilita aún más la percepción de este doble paisaje. Las instalaciones permanecen a la vista, formando un estrato superior suspendido.

Los espacios más privados se sitúan en cabinas trasparentes y la zona de relación y eventos ocupa la parte posterior de la planta, aprovechando las vistas de la ciudad.

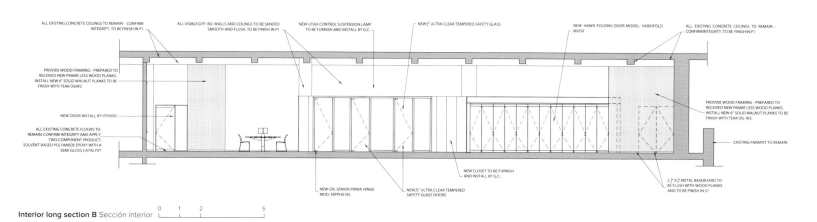

Interior long section B Sección interior

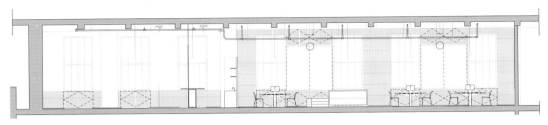

Interior elevation Alzado interior 1:200

018

CONTENT
Intensive application of felt in different surfaces
Aplicación intensiva de fieltro en distintas superficies

BELONGS TO PROJECT: **TRIBAL DDB OFFICE**
i29 Interior Architects
Amsterdam (Netherlands) 2011

The need to provide good acoustics in open rooms coupled with a desire to offer a single image to the office led the architects to use felt as the main material. The option of covering ceilings and partitions with this material was also extended to include the furniture and the lighting such that the interior has become a space with new-found character, given a special sensory perception by the texture of the felt and its sound-absorbing properties.

La necesidad de procurar una buena acústica en salas abiertas, así como el deseo de ofrecer una imagen rotunda de la oficina, llevó a los autores a utilizar el fieltro como material dominante. La posibilidad de recubrir techos y particiones con dicho material la extendieron también al mobiliario y las luminarias, de manera que el interior se convierte en un espacio dotado de carácter, al que la textura del fieltro y sus propiedades fonoabsorbentes le confieren además una especial percepción sensorial.

1 ENTRANCE
2 TOILETS
3 OFFICES
4 OPEN OFFICE WITH
   FELT PARTITIONS
5 HUDDLE AREA
6 MEETING ROOM
7 BREAKOUT
8 CUBICLES

1 ACCESO
2 ASEOS
3 OFICINAS
4 OFICINA ABIERTA CON
   SEPARACIONES DE FIELTRO
5 ZONA DE REUNIÓN INFORMAL
6 ZONAS DE REUNIONES
7 ZONA DE DESCANSO
8 CABINAS

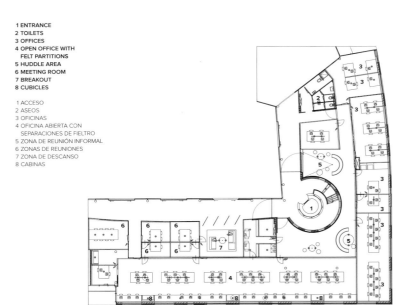

Floor plan layout Disposición de la planta 1:500

019

CONTENT
Working with the raw qualities of the space
Reutilización de una nave industrial en bruto

BELONGS TO PROJECT: **UNIT B4**
Make Creative
Alexandria, Sydney (Australia) 2012

The repurposing of this industrial unit as a property development office was based on preserving the visibility of the existing building, the block walls and the metal roof and acting on the interior with free-standing elements. Sustainable criteria, which are clear from a minimized use of materials, also influenced the choice of the timber, from *Araucaria cunninghamii* trees native to the area, to clad the boxes and for other elements used to build the space. Furniture was salvaged from former company offices or made from waste material.

La reutilización de esta nave industrial como oficina para un promotor inmobiliario se basa en mantener a la vista el edificio existente, muros de bloque y cubierta de estructura metálica y actuar en el interior con elementos exentos. Los condicionantes de sostenibilidad, que se manifiestan en minimizar el uso de materiales, han influido igualmente en la elección de la madera que recubre las cajas, *Araucaria cunninghamii*, propia de la zona y en el resto de elementos con los que se construye el espacio. El mobiliario es recuperado de anteriores oficinas de la firma o realizado a partir de material de desecho.

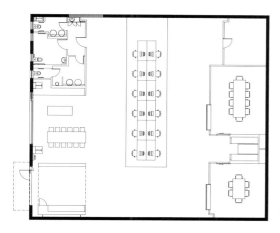

020

CONTENT
Reorganizing space with movable cardboard panels
Reorganización del espacio con paneles transportables

BELONGS TO PROJECT: **UNSTABLE OFFICE**
Carlos Arroyo Arquitectos
Madrid (Spain) 2013

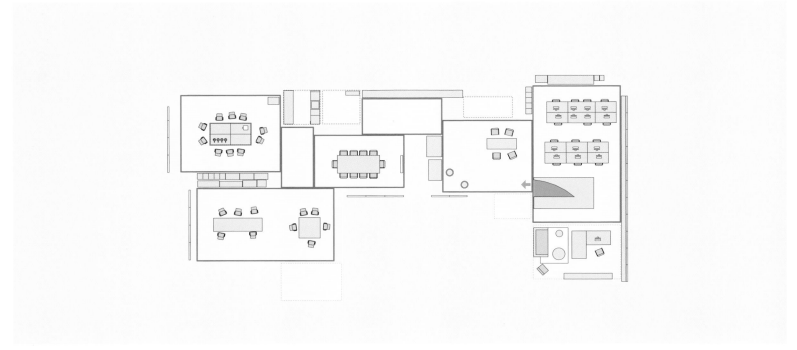

Floor plan layout with the red fluor lines Disposición de la planta con las líneas flour en rojo 1:250

09:00   11:00 am   13:00 am

Different floor plan layouts according to work schedule Diferentes disposiciones de la planta, según el plan de trabajo 1:500

The brief required flexible workspace for a creative agency, mutable into an events area, turning into a school of design for certain months in the year, or a place to have fun —with a very limited budget. We needed a simple and light way to transform spatial arrangements.

We proposed a system by which a team could develop ideas on a mood-wall and then take the wall to the meeting room for presentations.

The agency uses honeycomb cardboard panels made from recycled paper for their presentations. We decided to use them as mobile walls, covered with a felt made from recycled plastic bottles (PET), which is sound absorbing, light, inexpensive, and good for pinning presentations on. Other panels are lined with magnetic blackboard, whiteboard, void calendars, or printed with the presentations themselves. TAKEN FROM THE PROJECT REPORT.

El encargo era: un espacio de trabajo flexible para una agencia creativa, mutable en área de eventos, convertible en una escuela de diseño algunos meses del año, o en un lugar de diversión —con un presupuesto muy limitado. Necesitábamos una forma sencilla y ligera de transformar disposiciones espaciales.

Propusimos un sistema que permitiera a un equipo desarrollar ideas en una pared tipo *mood-wall* y luego llevarse la pared a la sala de reuniones para su presentación.

La agencia trabajaba con paneles de cartón de papel reciclado con trillaje en nido de abeja. Usamos ese material como paredes móviles, forrados de un fieltro hecho a partir de botellas de plástico recicladas (PET), que es absorbente acústico, ligero, barato y pinchable para colgar presentaciones como en un corcho. Otros paneles están revestidos con lámina magnética, pizarra, calendarios universales, o impresos directamente con las propias presentaciones. EXTRAIDO DE LA MEMORIA DE PROYECTO.

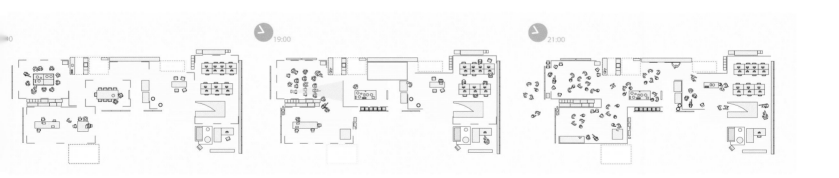

Movable cardboard panels

They hang from the fluor lines and may be arranged in infinite ways reorganizing space as appropriate for each activity over time.
1 Some panels are lined with felt made from recycled PET plastic. The felt provides colour, warmth and acoustic absorption.
2 Other panels are covered with adhesive whiteboard or magnetic black lining, providing additional work surfaces.
3 The panels are printable and can be diectly used for presentations.

Fluor lines

A The top line defines potential spaces, all as perfect rectangles. Panels hang from them.
B The bottom line is a duct and contains electrical, telephone and computer connections.
Some have handles and are portable.
Panels are fixed to the botom lines with a magnet

Paneles de cartón móviles.

Se pueden colgar de las líneas flúor reorganizando el espacio de manera adecuada a cada momento o actividad.
1 Algunos paneles se forran con fieltro fabricado a partir de plástico PET reciclado que proporciona color, calidez y acondicionamiento acústico.
2 Otros paneles están cubiertos de pizarra adhesiva blanca y de superficie negra imantada y proporcionan superficies de trabajo adicionales.
3 Los cartones son imprimibles y pueden usarse para presentaciones de proyectos.

Línea flúor

A La línea superior define los espacios potenciales, todos rectángulos perfectos.
Los paneles cuelgan de ella.
B La línea inferior contiene en su interior conexiones eléctricas, telefónicas e informáticas.
Algunas tienen asas y son portátiles.
Los paneles se fijan a la línea inferior con un imán.

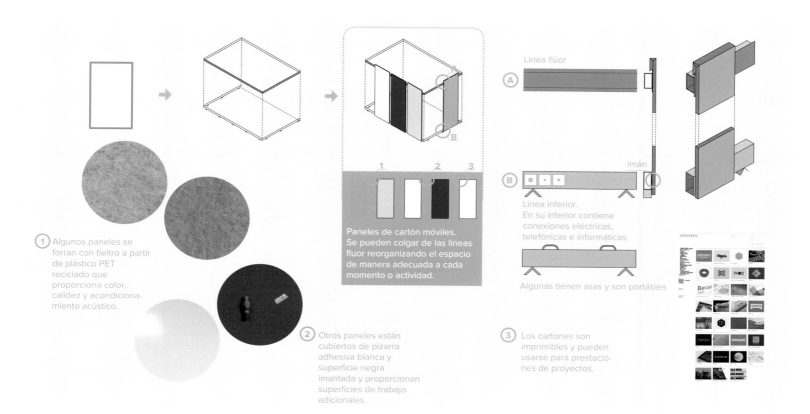

① Algunos paneles se forran con fieltro a partir de plástico PET reciclado que proporciona color, calidez y acondiciona-miento acústico.

② Otros paneles están cubiertos de pizarra adhesiva blanca y superficie negra imantada y proporcionan superficies de trabajo adicionales.

Línea flúor
Ⓐ

Ⓑ imán

Línea inferior.
En su interior contiene conexiones eléctricas, telefónicas e informáticas.

Algunas tienen asas y son portátiles

Paneles de cartón móviles.
Se pueden colgar de las líneas fluor reorganizando el espacio de manera adecuada a cada momento o actividad.

③ Los cartones son imprimibles y pueden usarse para prestacio-nes de proyectos.

021

CONTENT
Configuring with open source elements
Configuración con elementos de código abierto

BELONGS TO PROJECT: **MOZILLA JAPAN'S NEW OFFICE**
Nosigner
Tokyo (Japan) 2013

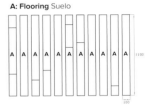

A: Flooring Suelo

B: Plywood Contrachapado de madera

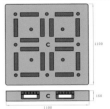

C: Plastic pallet Palé de plástico

A FLOORING
B PLYWOOD
C PLASTIC PALLET

A SUELO
B CONTRACHAPADO
  DE MADERA
C PALÉ DE PLÁSTICO

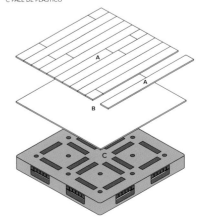

Nosigner is a group of designers who aim for social innovation through their creations. Using readily-available standard elements, they make surfaces, partitions and furniture which adapt to both offices and other environments. In this project for the Tokyo offices of the Mozilla browser they designed raised flooring made from plastic pallets and pine floorboards as well as a system of tables and polycarbonate sheet dividers. Each of these items is scaled in detail so that free downloads of the design are available on the on-line site which can be repeated at zero cost based on the open source concept.

Nosigner es un grupo de diseñadores que buscan la innovación social a través de sus creaciones. A partir de elementos estándar fácilmente asequibles, elaboran superficies, particiones y mobiliario que se adaptan, tanto a oficinas como a otros entornos. En este proyecto, para las oficinas del navegador Mozilla en Tokio, diseñan un suelo registrable a partir de palés de plástico y listones de pino, además de un sistema de mesas y unos separadores con láminas de policarbonato. Cada una de las piezas está detallada a escala para que pueda ser descargada libremente desde su sitio virtual y repetida de manera gratuita, según el concepto de código abierto.

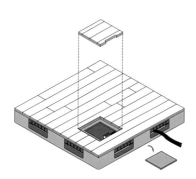

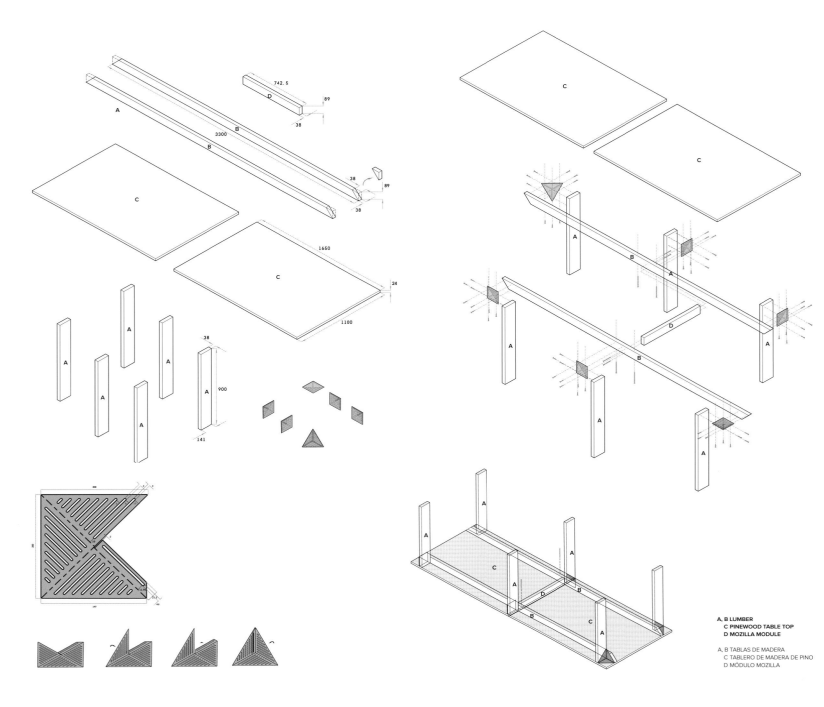

742. 5

89

38

89

3300

38

38

1650

24

1100

900

141

A, B LUMBER
C PINEWOOD TABLE TOP
D MOZILLA MODULE

A, B TABLAS DE MADERA
C TABLERO DE MADERA DE PINO
D MÓDULO MOZILLA

Twin carbo system wall Sistema de paneles gemelos

A MULTI-WALL
POLYCARBONATE
SHEET
B HOOK

A PANEL
MULTICAPA DE
POLICARBONATO
B GANCHO

022

CONTAINER + CONTENT
Prototype of an affordable shared workplace
Prototipo de un espacio de trabajo compartido asequible

BELONGS TO PROJECT: **YARDHOUSE**
Assemble
Sugar Island, London (United Kingdom) 2014

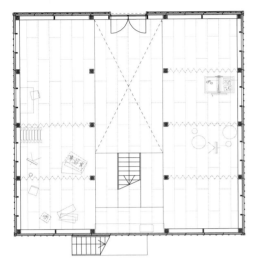

Ground floor plan Planta baja

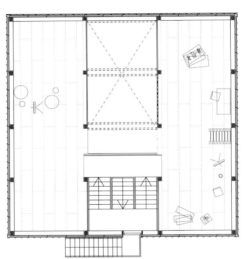

First floor plan Planta primera

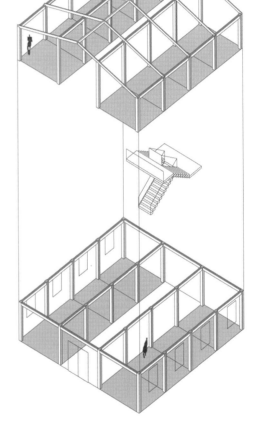

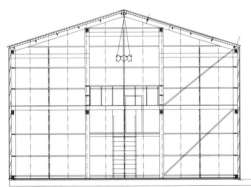

Cross section Sección trasversal

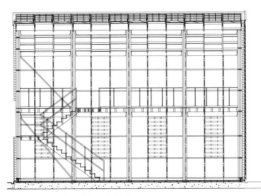

Long section Sección longitudinal

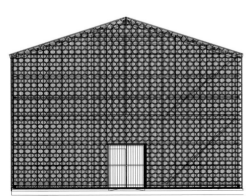

Front elevation Alzado frontal

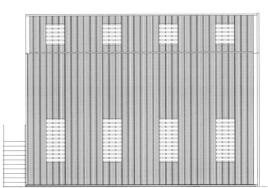

Side elevation Alzado lateral 1:200

Yardhouse is a model work space for artists promoted, designed, implemented and managed by Assemble. The project, built on a brownfield site close to the architects' office, aimed to build a low-cost prototype which could be replicated on other vacant lots. By cutting down on materials and processes as far as possible, the execution was based on using readily available and transportable generic elements, eschewing sophisticated techniques and processes and facilitating adaptability to different requirements. A timber framework and an enclosure common in industrial units were upgraded with artisan self-construction processes as in the case of the coloured cement panels. Each user can subsequently customize their space.

Yardhouse es un modelo de espacio de trabajo para artistas, promovido, diseñado, ejecutado y gestionado por Assemble. El proyecto, construido en unos terrenos industriales próximos a la oficina de los autores, tiene como objetivo la construcción de un prototipo de bajo coste que pueda replicarse en otras parcelas en desuso. Mediante la reducción de materiales y procesos al máximo, la ejecución se basa en emplear elementos genéricos fácilmente disponibles y transportables, evitar técnicas o procesos sofisticados y facilitar la adaptabillidad a diferentes necesidades. Una estructura de madera y un cerramiento propio de nave industrial, se enriquecen con algunos procesos artesanos de autoconstrucción, como las placas de cemento coloreado. Cada usuario puede intervenir posteriormente en su espacio.

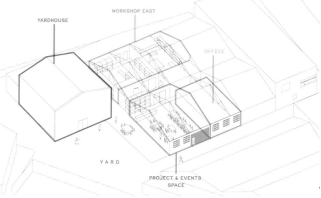

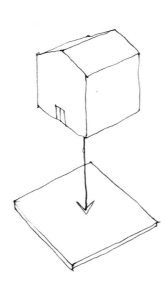

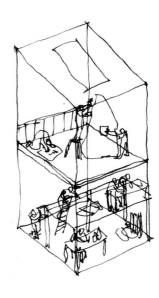

A sociable work environment - space to give and take
The double height central aisle of the building serves both as circulation space and a flexible communal area. Its width allows for tenants to easily manoeuvre materials and large pieces of work in and out of their space, they can use it as an additional work area for larger pieces, and most importantly, it provides a social space for tenants. The design avoids the 'hotel-like' cellular and corridored arrangements.

Un ambiente de trabajo compartido - espacio para dar y recibir
La nave central de doble altura del edificio sirve como espacio de circulación y zona comunitaria flexible. Su anchura permite que los usuarios puedan maniobrar fácilmente los materiales y grandes piezas de trabajo dentro y fuera de su espacio, que pueden utilizar como un área de trabajo adicional para las piezas más grandes, y lo más importante, proporciona un espacio social. El diseño evita las disposiciones celulares y pasillos de hotel.

Making use of existing resources
The building occupies part of the ground floor slab of a previously de-molished warehouse. Based on the fact there is no glass or other brittle finishes in the building, a greater degree of flexibility in the structure was tolerated. This meant the building required no additional founda-tions, simply bolting to the existing ground floor slab. Additional cost savings were made by re-connecting to disused drainage connections.

Haciendo uso de los recursos existentes
El edificio ocupa parte de la losa de un almacén previamente demoli-do. Basado en el hecho de que no hay vidrio u otros acabados frágiles en el edificio, se toleró un mayor grado de flexibilidad en la estructura. Esto significó que el edificio no requería cimientos adicionales, simple-mente un atornillado a la losa existente. También se aprovecharon los desagües antiguos.

Height & light
Floor to ceiling heights are between 3.5-4.5 m. These generous propor-tions allow a good level of even, natural light in all spaces, provide addi-tional headroom for working on larger pieces and offers an opportunity for tenants to maximize their floor area by building mezzanine storage.

Altura e iluminación
Las alturas de suelo a techo son entre 3,5-4,5 m. Estas generosas pro-porciones permiten un buen nivel de luz natural en todos los espacios, y altura libre adicional para trabajar en piezas grandes. Además, ofrecen la oportunidad a los usuarios de aumentar al máximo su superficie median-te la construcción de una entreplanta.

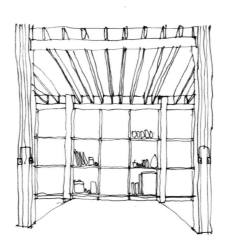

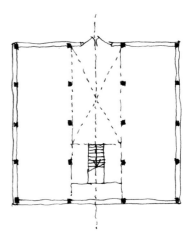

Adaptability-hierarchy of structure
The timber post & beam frame construction allows the building layout to be easily adapted. There are no loadbearing internal walls and tenants can enclose their studio space by fixing lightweight studwork walls to the main structural frame using standard hand tools.

Adaptabilidad-jerarquía de la estructura
La construcción de soporte y viga de madera permite adaptar fácilmente la distribución del edificio. No hay muros interiores portantes y los usua-rios pueden cerrar su espacio mediante la fijación de armazones ligeros de madera a la estructura principal, utilizando herramientas manuales estándar.

Exposed construction
The construction methods of the building are left exposed and materi-als are self-finishing wherever possible. The internal wall finish of the building is formed by the white steel inner leaf of the insulated panels. There was no plastering, decorating or painting to any surfaces except where necessary for fire protection (GF timber structure), rust protection (handrails) and durability (floor paint). The 225 mm deep timber cladding rails are left exposed to provide useful inbuilt shelving in the depth of the frame. All electrical cabling using red fire alarm cable, this allowed all the cable runs to be exposed safely since the cable is protected in an aluminium sleave.

Construcción vista
Los métodos de construcción del edificio quedan expuestos y los materiales son de auto-acabado siempre que sea posible. El acabado de la pared inter-na del edificio es la hoja de acero de los paneles aislantes. No hay yeso o pintura, excepto cuando es necesario para la protección contra incendios (es-tructura de madera), protección contra la oxidación (pasamanos) y durabilidad (pintura del piso). Los 225 mm de profundidad de los arriostramientos quedan vistos y se pueden utilizar como estanterías. Todo el cableado eléctrico es contra-incendio, de color rojo, lo que permite dejarlo expuesto, pues está pro-tegido con una capa de aluminio.

Simplicity
The simplicity and symmetry of the design contributed significant cost savings. The square footprint provides best value for money, providing the greatest floor area for the least perimeter wall construction of any shape. The regular shape and symmetry meant a limited number of ma-terial sizes were used, simplifying construction on site and provide cost savings in supply. The same cladding material is used on the walls and the roof, streamlining construction details.

Sencillez
La simplicidad y la simetría del diseño aportan importantes ahorros de costes. La huella cuadrada consigue la mejor relación calidad-precio, ofreciendo la mayor superficie de construcción con menos perímetro. La forma regular y la simetría sirven para reducir el número de tamaños del material, lo que simplifica la construcción y proporciona un ahorro de costes en el suministro. El mismo material de revestimiento se utiliza en las paredes y en el techo, facilitando los detalles constructivos.

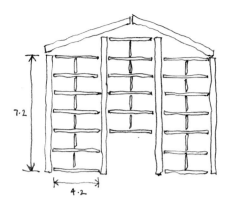

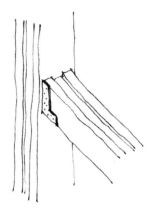

Standard sizes

The building dimensions are determined by the sizing of readily available building components to minimize onsite cutting and wastage. The 12 x 12 m plan utilizes the 1 m wide cladding panels and the 600 mm Tongue & groove flooring sheets with no wastage. The timber columns (8.4 m & 7.2 m), joists (4.2 m) and beams (2.7 m) are all uncut standard sizes.

Medidas estándar

Las dimensiones del edificio se determinan por la disponibilidad de tamaños de los componentes, para minimizar el corte en el lugar y los deshechos. La planta de 12 x 12 m se basa en el metro de ancho de los paneles de cerramiento aislante y las lamas machihembradas para suelo de 600 mm, sin desperdicio. Los soportes de madera (8,4 m y 7,2 m), vigas (2,7 m) y viguetas (4,2 m) son tamaños estándar sin cortar.

Flexibility - Studio plots

The building is constructed without internal walls. The space is broken down by the timber structural frame and tenants rent bays of this frame rather than separate enclosed studio units. This allows a high degree of flexibility in the arrangement of spaces and removes the cost of internal walls from the project budget. Tenants are allowed to partition and adapt their space as they see fit at their own cost.

Flexibilidad - Módulos de trabajo

El edificio está construido sin paredes interiores. El espacio se divide por la estructura de madera y los usuarios alquilan módulos de estructura en lugar de unidades de trabajo cerradas. Esto permite un alto grado de flexibilidad en la disposición de espacios y elimina el coste de las paredes interiores del presupuesto del proyecto. Los usuarios pueden cerrar y adaptar el espacio a su costa como mejor les parezca.

Off the shelf

Materials used are low cost and readily available from local retailers, reducing costs and offering a system that can be easily reproduced, repaired or extended. Columns and beams are made from screwing together 3 smaller timber sections side by side so they act as one, larger member. This allowed us to use cheap, readily available timber sizes and avoid the use of expensive Glulam or large solid section. All connections are screwed using off the shelf steel hangers and brackets. The building is clad in Kingspan KS1000RW, the cheapest and most readily available insulated cladding system on the UK market. It is most commonly used for much larger agricultural and industrial buildings. Standard details and junctions were adapted to suit the timber frame construction and the length of panels was designed around the plant available on site.

Materiales genéricos

Los materiales utilizados son de bajo coste y están disponibles en los comercios locales, y permiten que el sistema pueda ser fácilmente reproducido, reparado o ampliado. Los soportes y vigas están hechos de atornillar 3 secciones de madera juntas que actúan como un solo elemento. Esto nos permitió utilizar madera barata, asequible y evitar el uso de madera laminada o maciza de gran espesor. Todos los elementos de anclaje y fijación son de acero corriente. El edificio está revestido con el sistema de cerramiento aislante más barato y asequible del Reino Unido. Se utiliza más comúnmente para grandes edificios agrícolas e industriales. Los detalles estándar y las juntas se adaptan a la estructura de madera y la longitud de los paneles a la planta.

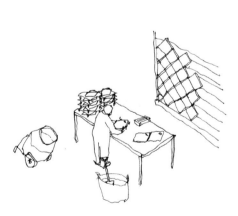

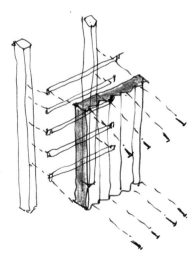

Handmade details

The design combines an economic, utilitarian approach to the main building elements with a limited number of bespoke items. Whilst making up a very small proportion of the overall build cost, these bespoke elements significantly alter the feeling and character of the building. For example, the concrete tile cladding only accounts for 5% of the build cost but makes a huge difference to the perception of both the building and yard onto which it faces.

Elementos a medida

El diseño combina un enfoque económico y práctico de los principales elementos de construcción con un número limitado de elementos a medida. A pesar de que constituyen una proporción muy pequeña de los costes totales de construcción, estos elementos a medida alteran significativamente el sentimiento y el carácter del edificio. Por ejemplo, el revestimiento de teja de hormigón coloreado sólo representa el 5% del coste de construcción, pero distingue la percepción, tanto del edificio como del patio al que se enfrenta.

Dry fixed and demountable

No wet trades were used in the building with the exception of the cast concrete ramp. This reduced construction time and wastage on site. Both the frame and cladding are fixed using screws and bolts, so as to be easily demounted and re-assembled elsewhere at the end of the lease period.

Construcción en seco y desmontable

Con la excepción de la rampa de hormigón, toda la construcción es en seco, para reducir tiempo y desechos de obra. Tanto la estructura como el cerramiento se fijan mediante tornillos y pernos, con el fin de ser desmontados fácilmente y re-ensamblados en otro lugar al final del período de utilización.

Affordable to run

The building is well sealed and well insulated, achieving a U-value of 0.2 W/m²K. No central heating is provided but should tenants require it, they are allowed to use their own oil-filled electric radiators. However, it is expected for the majority of the year this will not be necessary based on the solar gains through rooflights which make up 20% of the roof area. The risk of the building overheating is tackled through providing natural cross ventilation through the front and back doors and additional high-level mechanical extraction utilising a stack effect.

Funcionamiento asequible

El edificio está bien sellado y aislado, logrando un valor U de 0,2 W/m²K. Sin calefacción central, los inquilinos pueden utilizar sus propios radiadores eléctricos. Sin embargo, se espera que la mayor parte del año no será necesario, gracias a las ganancias solares de las claraboyas que constituyen el 20% de la cubierta. El riesgo de sobrecalentamiento del edificio se combate con la ventilación cruzada natural a través de las puertas delanteras y traseras y la extracción mecánica de efecto de chimenea.

Self-construction processes of the timber framework Proceso de autoconstrucción de la estructura de madera

Artisan self-construction processes of the coloured cement panels Proceso artesano de autoconstrucción de paneles coloreados

023

CONTENT
Converting a market stall into an office
Conversión de un puesto de mercado en oficina

BELONGS TO PROJECT: **STALL IN PROGRESS**
Arquitectura de taller
San Fernando Market, Madrid (Spain) 2013

Cross section Sección transversal

Elevation Alzado

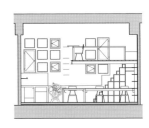

Longitudinal section Sección longitudinal

This project was launched as a result of the aim of several collectives to revitalize markets as vital hubs in neighbourhoods while also finding a space in which to carry out collaborative work. They chose one of the vacant stalls in San Fernando Market in Lavapiés, Madrid. The work was based on reusing materials and furniture and on participation and self-building by future users. On sourcing the reclaimed materials both the proximity and the life cycle of each material were taken into consideration.

El proyecto surge de la intención de varios colectivos de revitalizar los mercados como nodos vitales de los barrios y a la vez que encontrar un espacio en el que trabajar de manera colaborativa. Eligen uno de los puestos sin uso del Mercado de San Fernando, en el madrileño barrio de Lavapiés. La intervención se basa en la reutilización de materiales y mobiliario y en la participación y autoconstrucción por parte de los futuros usuarios.

Durante el trabajo de búsqueda y selección de materiales de reuso tienen en cuenta, no sólo la proximidad, sino también el ciclo de vida que comporta cada uno.

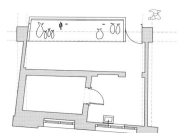

Before Estado previo

First floor plan Planta primera

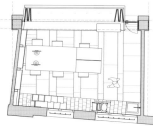

Ground floor plan Planta baja 1:200

San Fernando Market
Mercado de San Fernando 1:2.000

UPCYCLED ELEMENTS AND THEIR ORIGIN
ELEMENTOS SUPRACICLADOS Y PROCEDENCIA

FROM THE PREVIOUS SITE
DEL PROPIO LOCAL

FROM NEARBY DEMOLITIONS
DE DEMOLICIONES CERCANAS

RECLAIMED TRASH
RECUPERADOS DE LA BASURA

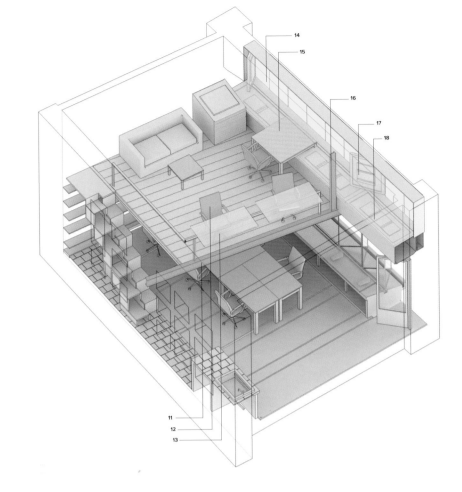

1 FRAMEWORK OF THE OPENINGS
2 CERAMIC TILES REUSED FROM THE
  REFURBISHMENT OF AN APARTMENT
  LOCATED IN THE NEIGHBOURHOOD
3 MARBLE FLOORING TILES REUSED FROM
  THE WALLS OF THE PREVIOUS FISH SHOP
4 SINK
5 CUPBOARD DOOR UNDER THE
  SINK. SMALL DOOR ACCESS
6 CORK-PARTICLE BOARD. INSULATION
  UNDER RADIANT FLOOR REUSED
  FROM THE DEMOLITION OF THE COOL
  ROOM IN THE PREVIOUS FISH SHOP
7 WOODEN TABLE LEGS REUSED
  FROM THICK PLANKS OF THE WORK
  SITE AND OLD DOOR FRAMES
8 ENTRANCE DOOR
9 FOUR LAYER GLASS AS TABLE TOP
10 STAINLESS STEEL COUNTER TOP
11 OFFICE CHAIR REUSED
  FROM OTHER OFFICE
12 LEFT OVER MAIN STEEL BEAMS FROM THE
  SCAFFOLDING OF A BUILDING NEARBY
13 FOUR LAYER GLASS AS TOP OF
  THE UPPER FLOOR TABLES
14 DOUBLE GLAZED WINDOWS
15 STAINLESS STEEL TABLE. RECLAIMED
  FROM THE OLD COLD ROOM DOOR
16 SUSPENDER STEEL PROFILE FIXED TO
  THE JOIST UNDER THE STALL SLAB
17 WOOD SHUTTER
18 PANEL DOORS. COUNTER TOP
  ORIENTED TOWARDS THE CORRIDOR
  OF THE UPPER FLOOR

1 CARPINTERÍAS DE VENTANAS PRACTICABLES
2 BALDOSAS CERÁMICAS PROCEDENTES DE
  LA REFORMA DE UNA VIVIENDA DE LAVAPIÉS
3 PAVIMENTO DE MÁRMOL.
  ORIGINALMENTE APLACADO DE LAS
  PAREDES DE LA PESCADERÍA
4 PILA
5 PUERTA ARMARIO BAJO PILA.
  PORTEZUELA DE ENTRADA
6 AGLOMERADO DE CORCHO NATURAL.
  AISLAMIENTO BAJO SUELO RADIANTE
  RECUPERADO EN LA DEMOLICIÓN DE LA
  CÁMARA FRIGORÍFICA DE LA PESCADERÍA
7 PATAS DE MADERA DE LAS MESAS
  DE TABLONES DE OBRA USADOS Y
  ANTIGUOS CERCOS DE PUERTAS
8 PUERTA DE ACCESO
9 VIDRIOS CUÁDRUPLES
10 BANCADA DE ACERO INOXIDABLE
11 SILLAS DE OFICINA PROVENIENTES
  DE OTRA OFICINA
12 VIGAS METÁLICAS PRINCIPALES
  EXCEDENTES DE APEO EN REHABILITACIÓN
  DE EDIFICIO CERCANO
13 VIDRIOS CUÁDRUPLES DE
  MESAS SUPERIORES
14 DOBLE ACRISTALAMIENTO
15 MESA DE ACERO INOXIDABLE. ANTIGUA
  PUERTA DE LA CÁMARA FRIGORÍFICA
16 TIRANTE METÁLICO A VIGUETA
  DEL TECHO DEL PUESTO
17 CONTRAVENTANAS
18 PUERTAS DE CUARTERONES. MOSTRADOR
  HACIA EL PASILLO DE LA PLANTA SUPERIOR

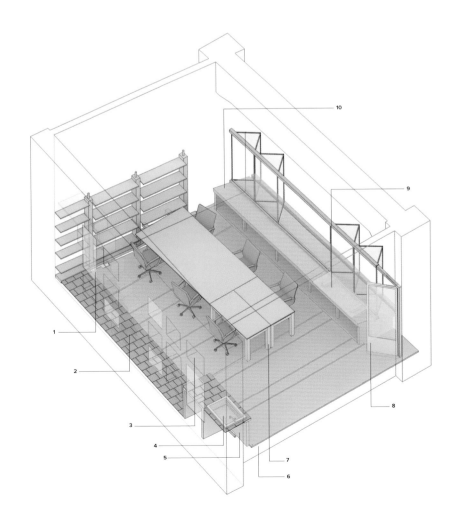

024

CONTENT
Taxonomy of an architectural studio
Taxonomía de una oficina de arquitectura

BELONGS TO PROJECT: **LIN OFFICE SPACE**
LIN
Berlin (Germany) 2012

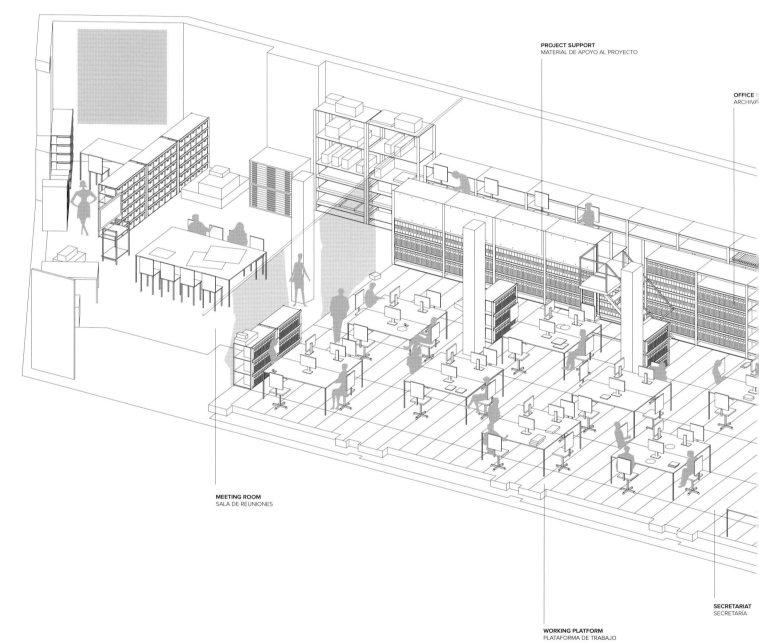

PROJECT SUPPORT
MATERIAL DE APOYO AL PROYECTO

OFFICE
ARCHIVA

MEETING ROOM
SALA DE REUNIONES

SECRETARIAT
SECRETARÍA

WORKING PLATFORM
PLATAFORMA DE TRABAJO

A 4,300 square feet space, where a library used to be, has been converted to an architect's office by demolishing the interior walls and installing raised flooring. The different work spaces have been organized using modular storage shelves. The permeability of the shelving means the visual connection between the areas is maintained.

Classifying the entire contents of the office on a spatial basis is a way of analysing those functions which are considered part of the discipline. It also becomes a document referencing the state of the profession in the early 21st Century.

Un espacio de 400 m², en el que antes existió una biblioteca, se convierte en una oficina de arquitectura mediante la demolición de los tabiques interiores y la adición de un suelo registrable. La organización de los distintos espacios de trabajo se realiza a través de estanterías de almacenaje modulares. La permeabilidad de las estanterías permite conservar la conexión visual entre las zonas.

La clasificación de todo el contenido de la oficina de una manera espacial es un análisis de las funciones que se consideran propias de la disciplina. Es también un documento que referencia el estado de la profesión a principios del siglo XXI.

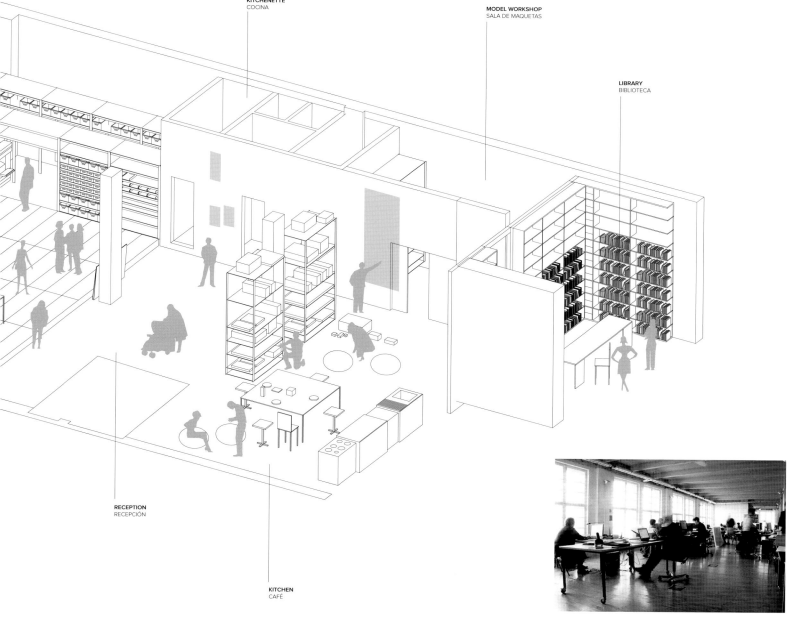

KITCHENETTE
COCINA

MODEL WORKSHOP
SALA DE MAQUETAS

LIBRARY
BIBLIOTECA

RECEPTION
RECEPCIÓN

KITCHEN
CAFÉ

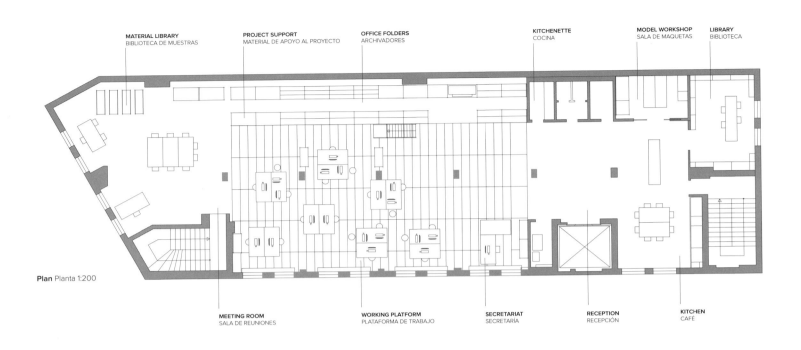

MATERIAL LIBRARY
BIBLIOTECA DE MUESTRAS

PROJECT SUPPORT
MATERIAL DE APOYO AL PROYECTO

OFFICE FOLDERS
ARCHIVADORES

KITCHENETTE
COCINA

MODEL WORKSHOP
SALA DE MAQUETAS

LIBRARY
BIBLIOTECA

Plan Planta 1:200

MEETING ROOM
SALA DE REUNIONES

WORKING PLATFORM
PLATAFORMA DE TRABAJO

SECRETARIAT
SECRETARÍA

RECEPTION
RECEPCIÓN

KITCHEN
CAFÉ

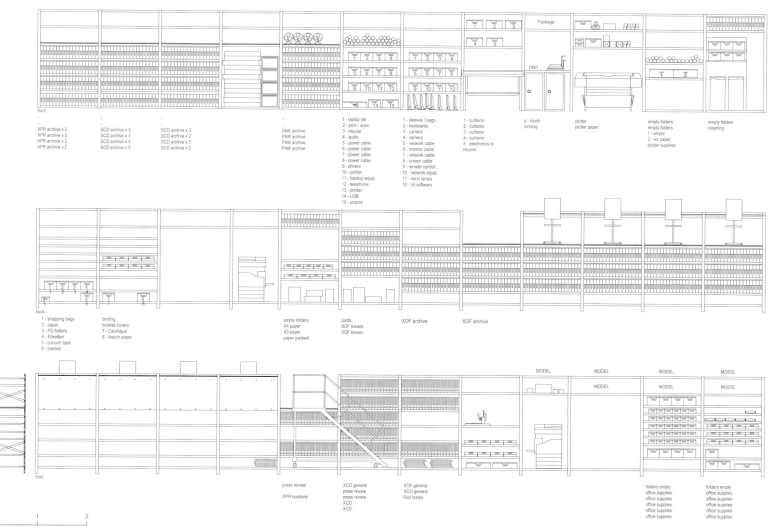

front

XPR archive x 2	SCD archive x 3	SCD archive x 3		SNA archive	1 - laptop old	1 - sleeves / bags	1 - curtains	p - touch	plotter	empty folders	empty folders
XPR archive x 2	SCD archive x 3	SCD archive x 2		PAM archive	2 - print / scan	2 - keyboards	2 - curtains	binding	plotter paper	empty folders	cleaning
XPR archive x 2	SCD archive x 3	SCD archive x 3		PAM archive	3 - mouse	3 - camera	3 - curtains			1 - empty	
XPR archive x 2	SCD archive x 3	SCD archive x 2		PAM archive	4 - audio	4 - camera	4 - curtains			2 - wc paper	
					5 - power cable	5 - network cable	5 - electronics to			plotter supplies	
					6 - power cable	6 - monitor cable	recycle				
					7 - power cable	7 - network cable					
					8 - power cable	8 - screen cable					
					9 - drivers	9 - remote control...					
					10 - printer	10 - network equip					
					11 - backup equip	11 - neon lamps					
					12 - telephone	12 - cd software					
					13 - printer						
					14 - USB						
					15 - unipod						

back

1 - shopping bags
2 - paper
3 - FG folders
4 - Etiketten
5 - p-touch tape
6 - blanket

binding
booklet covers
7 - Catalogue
8 - sketch paper

empty folders
A4 paper
A3 paper
paper packed

cards
XOF travels
XOF travels

XOF archive

XOF archive

front

press review

XPR booklets

XCO general
press reivew
press review
XCO
XCO

XOF general
XCO general
Red books

MODEL MODEL MODEL MODEL
MODEL
MODEL MODEL
MODEL

folders empty
office supplies
office supplies
office supplies
office supplies
office supplies

folders empty
office supplies
office supplies
office supplies
office supplies
office supplies

0   1   2

025

CONTENT
Building proportions into an existing interior
Aplicación de proporciones a un interior existente

BELONGS TO PROJECT: **ARTS COUNCIL ENGLAND OFFICES**
Caruso St John Architects
London (United Kingdom) 2008

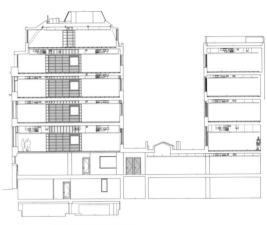

Cross section Sección transversal

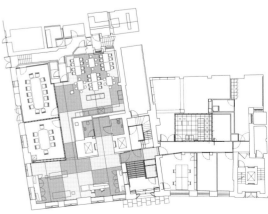

Lower ground floor plan Planta inferior 1:500

The intervention by Caruso St John in the Arts Council England offices was based on transforming the existing building into a container as open as possible, into which the elements of a classic office are inserted: installations, lighting and furniture. This is a seemingly simple operation, carried out with a disciplinary approach: hierarchy within the floors, identification of spaces, modulated light, noise control and choice of furniture. Everything has been classified, specified, planned and despite this the architectural action is hardly visible. The qualities of the building are highlighted in the work areas while colour takes over in the meeting rooms. Proportions replace actions.

La intervención de Caruso St John en las oficinas de Arts Council England se basa en la transformación del edificio existente en un contenedor lo más diáfano posible, en el que insertan los elementos de una oficina clásica: instalaciones, iluminación y mobiliario. Se trata de una operación aparentemente sencilla, realizada desde un planteamiento disciplinar: jerarquías de alturas, identificación de espacios, modulación de la luz, control de la acústica y elección de mobiliario. Todo está repertoriado, especificado, dibujado y sin embargo, la actuación arquitectónica es casi invisible. Las cualidades del edificio se destacan en las zonas de trabajo, mientras que el color protagoniza las salas de encuentro. Las proporciones sustituyen a los gestos.

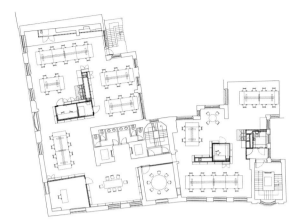

Second floor plan Planta segunda

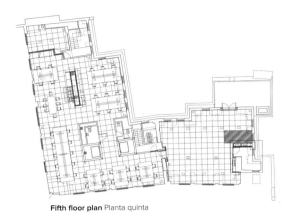

Fifth floor plan Planta quinta

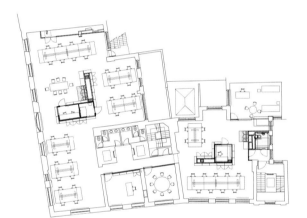

First floor plan Planta primera

Fourth floor plan Planta cuarta

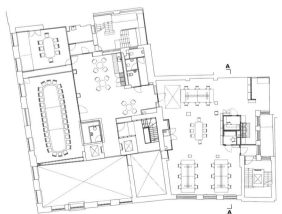

Upper ground floor plan Planta baja

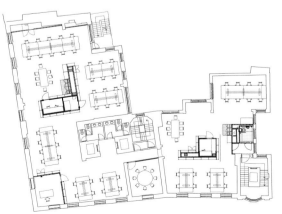

Third floor plan Planta tercera 1:500

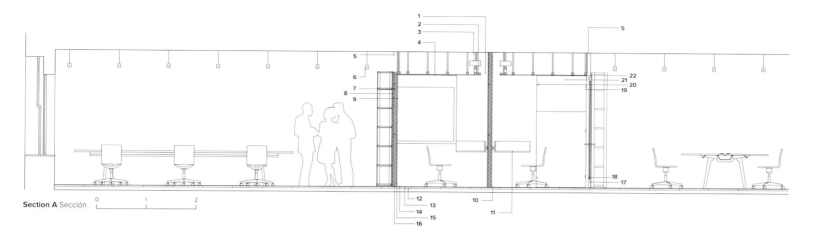

Section A Sección

0   1   2

1 AIR SUPPLY DIFFUSER AT HIGH LEVEL
2 FLUORESCENT LIGHT ON BATTEN
3 AIR SUPPLY SLOT
4 SUSPENDED PLASTER BOARD CEILING K40
5 50 x 70 GS STUD, EXPOSED
6 65 x 82 mm SUSPENDED LIGHTING SYSTEM,
   ANODISED ALUMINIUM FINISH
7 70 mm ACCOUSTIC INSULATION
8 12.5 mm PLASTER BOARD PAINTED OUTSIDE
9 12.5 mm PLASTER BOARD PAINTED INSIDE
10 50 x 70 GS STUD BOLTED TO FLOOR
11 22 mm DOUGLAS FIR PLYWOOD DESK
12 APPROX. 70 mm FLOOR VOID
13 30 mm S FLOOR CASSETTE

14 8 mm CARPET TILES, 500 x 500
15 12.5 mm GYPROC SOUNDBLOC
   PLASTERBOARD PAINTED INSIDE
16 50 x 70 mm S STUD BOLTED TO FLOOR
17 SOLID SECTION DOUGLAS FIR DOOR FRAME
18 6.4 mm LAMINATED GLASS
19 HINGES ACCESS PANEL
20 BUDGET LOCKS ACCESS PANEL
21 1000 x 2230 mm ACCESS PANEL DECORATED MDF
22 11 mm DOUGLAS FIR PLYWOOD ARCHITRAVE

1 ESPACIO PARA DIFUSIÓN DE AIRE EN EL NIVEL SUPERIOR
2 LUMINARIA FLUORESCENTE SOBRE RASTREL
3 ELEMENTO DE IMPULSIÓN DE AIRE
4 FALSO TECHO DE CARTÓN-YESO
5 PERFIL METÁLICO VISTO DE 50 x 70 mm
6 SISTEMA DE ILUMINACIÓN SUSPENDIDO DE
   65 x 82 mm EN ALUMINIO ANODIZADO
7 AISLAMIENTO ACÚSTICO DE 70 mm
8 TABLERO DE CARTÓN-YESO DE 12,5 mm PINTADO POR FUERA
9 TABLERO DE CARTÓN-YESO DE 12,5 mm PINTADO POR DENTRO
10 PERFIL METÁLICO DE 50 x 70 mm ATORNILLADO AL SUELO
11 MESA DE 22 mm DE PINO OREGÓN
12 VACÍO DE APROXIMADAMENTE 70 mm
13 CASETÓN DE SUELO DE 30 mm

14 LOSETAS DE MOQUETA DE 8 mm DE ESPESOR Y 500 x 500 mm
15 TABLERO ACÚSTICO DE CARTÓN-YESO DE
   12,5 mm PINTADO POR DENTRO
16 PERFIL METÁLICO DE 50 x 70 mm FIJADO AL SUELO
17 PUERTA DE MADERA MACIZA DE PINO OREGÓN
18 VIDRIO LAMINADO DE 6,4 mm
19 PANEL DE ACCESO A LAS BISAGRAS
20 PANEL DE ACCESO A LOS ELEMENTOS DE CIERRE
21 PANEL DE ACCESO EN DM DE 1000 x 2230 mm
22 MOLDURA DE PINO OREGÓN DE 11 mm

SL_1670_A		**1670mm long housing** SL_1670_A: 1 x 1149mm sized lamp
SL_1670_B		SL_1670_B: empty housing
SL_1670_C		SL_1670_C: 1 x 849mm sized lamp
SL_1740_A		**1740mm long housing** SL_1740_A: 1 x 1149mm sized lamp NB. Note that housing is sometimes rotated.
SL_1740_B		SL_1740_B: empty housing
SL_1740_C		SL_1740_C: 1 x 849mm sized lamp
SL_1910_A		**1910mm long housing** SL_1910_A: 1 x 1149mm sized lamp NB. Note that housing is sometimes rotated.
SL_1910_B		SL_1190_B: empty housing
SL_1910_C		SL_1910_C: 1 x 1149mm sized lamp
SL_2040_A		**2040mm long housing** SL_2040_A: 1 x 849mm sized lamp
SL_2040_B		SL_2040_B: 1 x 1149mm sized lamp

L2340		**2340mm long housing** SL_2340: 1 x 1149mm sized lamp NB. Note that housing is sometimes rotated.
SL_2610_A		**2640mm long housing** SL_2640_A: 1 x 1149mm sized lamp
SL_2610_B		SL_2640_B: 1 x 1149mm sized lamp
SL_2610_C		SL_2640_C: 2 x 849mm sized lamps
SL_2610_D		SL_2640_D: 1 x 849mm sized lamp
SL_2910_A		**2910mm long housing** SL_2910_A: 2 x 849mm lamps
SL_2910_B		SL_2910_B: 1 x 1149mm sized lamp
SL_3210_A		**3210mm long housing** SL_3210_A: 1 x 849mm & 1 x 1149mm sized lamps
SL_3210_B		SL_3210_B: 1 x 1149mm sized lamp
L3510		**3510mm long housing** SL_3510_A: 2 x 1149mm sized lamps
L3510		SL_3510_B: 1 x 1149mm sized lamp

Light field
900 x 300mm / 900 x 600mm
With blank aluminium plate - no lamp
Anodised aluminium finish to sides and bottom plate

900 x 300mm
With white frosted acrylic diffuser plate - with lamp
Painted or anodised finish to sides

LF-02, LF-03, LF-04 code refers to different types of LF
for more details ref to Assembly Drawings A63/02-04

Surface mounted fitting

Suspended fitting / Suspended fitting (Emergency light)

FD2 — 600 mm long single tube fluorescent batten, above suspended ceiling

FD1 — 1200 mm long single tube fluorescent batten, above suspended ceiling

FD4 — 1200 mm long single tube fluorescent batten, recessed in ceiling

FD3 — 1500 mm long single tube fluorescent batten, suspended

FD5 — 1047 mm long single tube fluorescent batten, surface mounted

FD6 — 850 mm long single tube fluorescent batten, surface mounted

ML1 — ERCO 775600 Optec Wallwasher for tungsten halogen lamps, white

Swirl diffuser 450mm dia. at high level

Air supply slot at high level

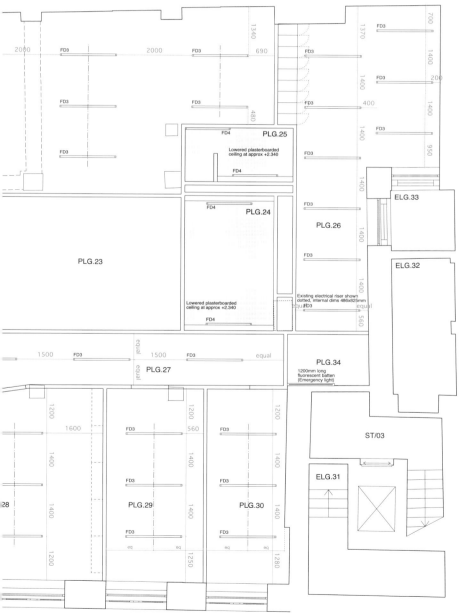

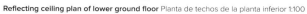

Reflecting ceiling plan of lower ground floor Planta de techos de la planta inferior 1:100

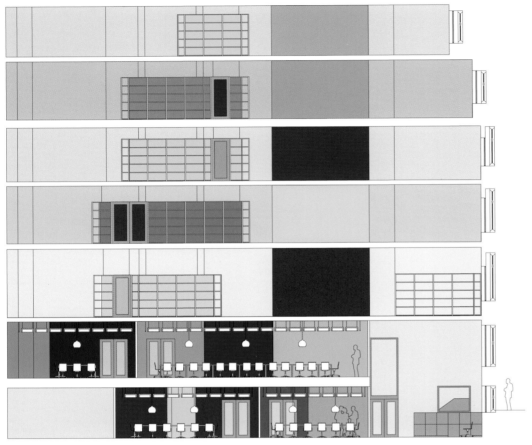

PANTONE Warm Gray 1 M	PANTONE Cool Gray 1 M
PANTONE Warm Gray 2 M	PANTONE Cool Gray 2 M
PANTONE Warm Gray 3 M	PANTONE Cool Gray 2 M
PANTONE Warm Gray 4 M	

PANTONE 717 M	PANTONE714 M
PANTONE 383 M	PANTONE 380 M
PANTONE 541 M	PANTONE 542 M
PANTONEM 3955 M	PANTONE3935 M
PANTONE VIOLET M	PANTONE 2655 M
PANTONE 183 M	PANTONE 182 M
PANTONE 478 M	PANTONE 479 M

PANTONE 1505 M	PANTONE 3125 M
PANTONE 2405 M	PANTONE 5743 M

Proposed colour scheme Propuesta de colores 1:200

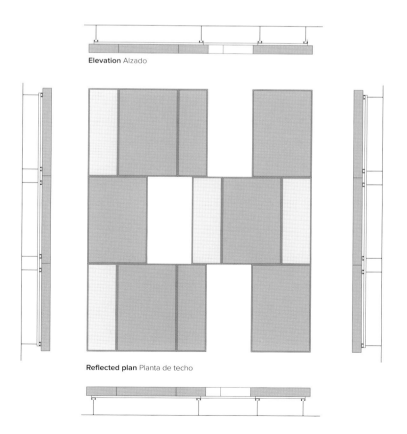

Elevation Alzado

Reflected plan Planta de techo

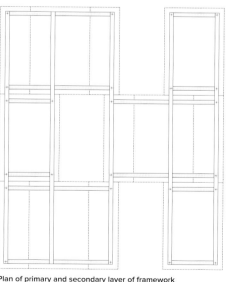

Plan of primary and secondary layer of framework
Planta de la primera y segunda capa del entramado

| 0 | 0.5 | 1 |

A short history of the development of the OFFICE

explained in terms of the economic and social context of the last 100 years.

John Soane. The Four Percent office, Bank of England. London, 1818-1823.

Una breve historia del desarrollo de la oficina, explicada dentro del contexto económico y social de los últimos 100 años.

CARUSO ST JOHN ARCHITECTS

Louis Sullivan. Wainwright Building. St. Louis, 1890-1891.

THE ORIGIN OF THE OFFICE

The office has existed in one form or another throughout history as an administrative adjunct to the centralised power of the state. The Palazzo Uffizi in Florence of the Medici or the Bank of England are notable examples.

The first commercial offices appeared in the northern industrial cities of the United States in the late nineteenth Century. With the invention of the telegraph and telephone, offices could be situated away from the home or factory and control could be retained over production and distribution to distant markets. New technologies such as electric lighting, the typewriter and the use of calculating machines allowed large amounts of information to be accumulated and processed faster and more efficiently than before. The concentration of wealth in the new corporations required an ever-greater proportion of an increasingly literate population to work in the 'white collar factories'.

In Chicago, the mid-western hub of the American rail network, technologies such as the steel frame and elevator enabled office buildings to be constructed higher than previously possible to generate maximum income from the site. These were the first speculative office buildings and generally followed the traditional layout of separate rooms opening into corridors. The floor plan would then be stacked to generate the greatest income from the site —this profit-driven logic came to define the skylines of Chicago and New York by the early twentieth Century.

The American architect Louis Sullivan was a pioneer in his study of the formal articulation of the tall commercial building or 'skyscraper'; his delicate naturalist ornamentation and bold forms expressed his own mystical vision of a new and vital democracy based on industrialisation.

EL ORIGEN DE LA OFICINA

La oficina ha existido de una forma u otra a lo largo de la historia como un complemento administrativo al poder centralizado del Estado. El Palacio de los Uffizi en la Florencia de los Medici o el Banco de Inglaterra son ejemplos destacados. Las primeras oficinas comerciales aparecieron en las ciudades industriales del norte de los Estados Unidos a finales del siglo XIX. Con la invención del telégrafo y el teléfono, las oficinas pudieron situarse fuera de la vivienda o de la fábrica y mantener el control sobre la producción y la distribución a mercados lejanos. Las nuevas tecnologías como la iluminación eléctrica, la máquina de escribir y la calculadora permitieron acumular grandes cantidades de información y procesarlas más rápida y eficazmente. La concentración de riqueza en las nuevas empresas requirió una proporción cada vez mayor de población preparada para trabajar en las "fábricas de cuello blanco".

En Chicago, el principal nudo ferroviario del medio oeste estadounidense, tecnologías como la estructura de acero y el ascensor permitieron construir edificios de oficinas más altos que revalorizaron el territorio al máximo. Estos fueron los primeros edificios de oficinas especulativos y, en general, siguieron el diseño tradicional de salas independientes conectadas por pasillos. Las plantas se apilaban para generar la máxima revalorización. Esta lógica del beneficio definió la *skyline* de Chicago y Nueva York a principios del siglo XX.

El arquitecto americano Louis Sullivan fue un pionero en el estudio de la articulación formal del edificio de oficinas en altura. La delicada ornamentación naturalista y una forma contundente condensaron su visión mística de una nueva y vital democracia basada en la industrialización.

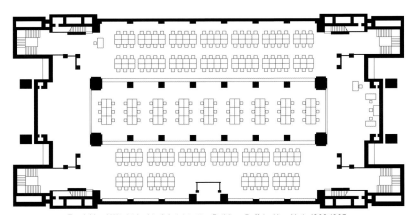

Frank Lloyd Wright. Larkin Administration Building, Buffalo. New York, 1903-1905.

THE TAYLORIST OPEN PLAN

The production-line nature of much American office work in the early twentieth Century resulted in the work-pool arrangement of clerical workers lined up in rows in large rooms. Mail-order firms, insurance companies and government agencies followed the Taylorist principles of splitting tasks into specific repetitive acts. These regimented spaces enabled an uninterrupted flow of work and close visual supervision by managers often having their own offices. The other economic gain derived from such a layout was that more desks could be fitted into open areas than cellular rooms.

It was Sullivan's ex-employee, Frank Lloyd Wright, who first attempted to temper these harsh conditions. He had by this time developed his own visionary position informed by the social ideals of William Morris and the Arts and Crafts movement and a concern for the individual's place in industrial society.

The Larkin Administration Building of 1903-1905 in Buffalo, New York, was designed by Wright for a mail order soap company of 1,800 workers, and can be considered the first purpose-designed environment for a specific organisation. The cliff-like brick building was innovative in plan with all service spaces pulled to the corners leaving a large open space at the centre. To keep the interior space free from the pollution of passing New York trains the building was hermetically sealed and provided with one of the first primitive air-conditioning systems. Managers and clerks, many of them women, worked together in a single large space of galleries surrounding a central top-lit court, processing more than 5,000 orders per day. Views out were limited to glimpses of the sky creating an introverted sense of the company as a family dedicated to the 'sacrament of work', as emphasised by the salutary inscriptions on the galleries. Wright's attention to detail extended to the design of the steel furniture, the first 'system' furniture and the built-in cabinets that lined the walls.

LA PLANTA ABIERTA TAYLORISTA

La naturaleza de la producción en cadena de gran parte de las oficinas americanas de principios del siglo XX dio lugar a la disposición en grandes salas de empleados ordenados en línea. Empresas de venta por correo, compañías de seguros y agencias gubernamentales siguieron los principios tayloristas de la división de tareas en actos repetitivos específicos. Estos espacios reglamentados permitían un flujo ininterrumpido de trabajo y una supervisión visual cercana por parte de los directivos, que solían tener despachos individuales. El otro beneficio económico derivado de tal disposición era que en espacios abiertos cabían más puestos que en salas separadas.

Fue un ex-empleado de Sullivan, Frank Lloyd Wright, quien primero intentó atemperar estas duras condiciones. Había desarrollado para entonces una posición visionaria propia, influenciado por los ideales sociales de William Morris y el movimiento *Arts and Crafts*, y una preocupación por el lugar del individuo en la sociedad industrial.

El edificio Larkin en Buffalo, Nueva York, 1903-1905, fue diseñado por Wright para una empresa de venta de jabón por correo con 1.800 trabajadores y se puede considerar el primer entorno de diseño a medida para una oficina. El edificio masivo de ladrillo fue innovador, con todos los espacios servidores situados en las esquinas, dejando un gran espacio abierto en el centro. Para mantener el espacio interior libre de la contaminación de los trenes que pasaban cerca, el edificio estaba cerrado herméticamente y dotado de uno de los primeros sistemas de aire acondicionado. Los directivos y los empleados, muchos de ellos mujeres, trabajaban juntos en un gran espacio único de galerías que rodeaban un patio central con iluminación cenital, procesando más de 5.000 pedidos al día. Las vistas se limitaban a vislumbrar el cielo, creando una sensación introvertida de la empresa, como una familia dedicada a "la sagrada tarea del trabajo" como lo manifiestan las educativas inscripciones de las galerías. Wright amplió su interés por los detalles al diseño de muebles de acero, —el primer "sistema" de mobiliario— y a los armarios empotrados que cubrían las paredes.

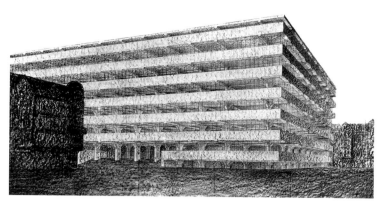

Mies van der Rohe. Concrete Office Building. Berlin, 1922.

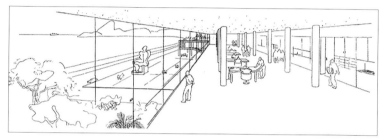

Le Corbusier. Offices of the Ministry for National Education and Health in Rio de Janeiro, 1936.

EUROPEAN MODERN MOVEMENT

The scale and innovations of American examples were emulated to a limited extent in the more traditional countries of Europe. The Taylorist office started to appear at a smaller scale just as miniature skyscrapers were beginning to be built in some European cities. Many artists and architects involved in the European modern movement admired the modern and rationalist American examples but lacked the resources or opportunity to carry out their ideas. Mies van der Rohe's visionary conceptual projects of the 1920s for crystalline glass towers would find fruition many years later in the corporate architecture of post-war America. In his more rationalist 'concrete office building' project, stacked concrete trays holding work areas were lit by continuous ribbon windows. As in Wright's office buildings, the occupants have no view out to the surroundings as the windows were above head height, the space below the window being used for storage cabinets.

Le Corbusier's glass curtain wall project for government offices in Brazil of 1936 expressed a more open ideal; the literal and organisational transparency of a modern democratic state.

MOVIMIENTO EUROPEO MODERNO

La escala y las innovaciones de ejemplos americanos fueron emuladas de forma limitada en los países más tradicionales de Europa. La oficina taylorista comenzó a aparecer a una escala más pequeña al igual que se empezaban a construir rascacielos en miniatura en algunas ciudades europeas. Muchos de los artistas y arquitectos que participaron en el Movimiento Moderno europeo admiraban los ejemplos modernos y racionalistas americanos, pero carecían de los recursos o la oportunidad de llevar a cabo sus ideas. Los proyectos conceptuales y visionarios de las torres de vidrio de Mies van der Rohe, en la década de los años 20, se materializarían muchos años después en la arquitectura corporativa de la América de posguerra. En su proyecto más racionalista, el Edificio de Oficinas de Hormigón, las losas que sostienen las áreas de trabajo se iluminaban con una banda de ventanas corridas. Al igual que en los edificios de oficinas de Wright, los ocupantes no tienen vistas de los alrededores, ya que las ventanas quedaban por encima de la altura de sus cabezas, el espacio debajo de la ventana se utiliza para almacenamiento.

El proyecto de Le Corbusier para las oficinas del gobierno de Brasil, 1936, con muro cortina de vidrio, expresa un ideal más claro: la transparencia literal y organizativa de un Estado democrático moderno.

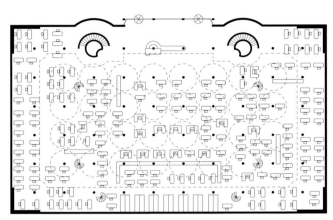

Frank Lloyd Wright. Johnson-Wax Administration Building. Racine, 1937-1939.

STREAMLINED OFFICE PLAN

Having developed solutions to the problems of organisation and manufacture, the 1930s saw American companies becoming interested in more efficient working environments and buildings that could express their corporate image.

Wright extended his idea of the company as an organic social entity with the construction of the Johnson Wax building in 1937-1939. As with the Larkin building, workers were isolated from the unsympathetic industrial surroundings within a great space supported by slender mushroom columns and lit from above. The great work room, with its rich spaces, warm, radiant materials and forms were intended to compensate for the lack of view and contact with the outside world. The *St Louis Dispatch* reported in 1937 during construction:

'The 250 workers will occupy a single great room, only those machines which are noisy being segregated, and cork ceilings will absorb the sound rising from the heated rubber floor, blend it into a placid hum.'

The Johnson Wax building created a sensation when it opened and the building is still in use by the same company today, admired as one of the masterpieces of 1930s architecture.

The organisation of this cleaning materials company was again based on Taylorist principles and a clear and rigid hierarchy. Orders would be processed across the main work floor with managers overlooking from the mezzanine. Company executives were in their own offices on the roof of the building with a bridge connection to the research laboratories.

Within the hierarchical structure of the company the paternalistic nature of the company is manifest in the facilities for its unionised workers such as a theatre. The success of the building was proved by the extra time that employees chose to spend in the building.

LA PLANTA DE OFICINA OPTIMIZADA

Después de haber desarrollado soluciones a los problemas de la organización y la producción, en la década de 1930 las empresas estadounidenses se interesaron por entornos de trabajo más eficientes y edificios que pudieran expresar su imagen corporativa.

Wright amplió su idea de la empresa como un ente social orgánico con la construcción del edificio Johnson Wax, 1937-1939. Al igual que en el edificio Larkin, los trabajadores estaban protegidos del desagradable entorno industrial dentro de un gran espacio sostenido por esbeltos soportes fungiformes, iluminado desde arriba. La gran sala de trabajo, con sus generosos espacios, sus cálidos materiales y sus elegantes formas tenía el propósito de compensar la falta de visión y contacto con el mundo exterior. El *St Louis Dispatch* informó en 1937 durante la construcción:

"Los 250 trabajadores ocuparán una gran sala única, separados de las ruidosas máquinas por techos de corcho que absorberán el sonido que asciende desde suelo radiante, revestido de linóleo, y lo convertirán en un plácido murmullo."

El edificio Johnson Wax causó sensación cuando se inauguró. En la actualidad, sigue en uso por la misma empresa y está considerado como una de las obras maestras de la arquitectura de los años 30.

La organización de esta importante compañía de productos de limpieza se basa también en los principios del taylorismo y en una jerarquía clara y rígida. Las órdenes eran procesadas en la planta principal de trabajo, con los responsables directos vigilando desde el entresuelo. Los ejecutivos de la compañía tenían sus oficinas en la cubierta del edificio, con un puente de conexión a los laboratorios de investigación.

Dentro de la estructura jerárquica de la empresa, el carácter paternalista se manifiesta en las instalaciones para los sindicatos de trabajadores, como el teatro. El éxito de la construcción fue confirmado por el tiempo extra que los empleados pasaban voluntariamente en el edificio.

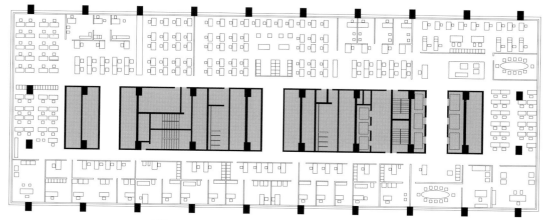

Skidmore Owings and Merrill. Chase-Manhattan Bank. New York, 1961.

50'S CORPORATE AMERICA

In the 1950s the steel and glass architecture of the international modern movement was adopted as the new image of corporate America. The Lever House of 1952 designed by Skidmore Owings and Merrill was the first project to offer the modernist image of efficiency and standardisation to a corporate client.

In the 1950s and 60s a number of these hermetically sealed 'glass boxes' were built in New York and expressed the city's commercial and cultural dominance. The large sculpture on the plaza and the elegant high modernist interior, epitomised by interior designers such as the Knoll planning Unit, became the new international language of business and success.

With the widespread use of air-conditioning and fluorescent lighting, these new high-rise buildings could have highly efficient deep and open floors. There was now no longer an imperative to have natural lighting, whether from windows or skylights, or to be near an opening window for ventilation. The suspended ceiling took over these functions, containing lighting and air distribution. The office had successfully become fully autonomous from the exterior environment.

This formula was influential worldwide. The 1967 film *Playtime* by Jacques Tati pokes fun at this idea of the Modernist city, following a group of American tourists touring a steel and glass metropolis looking for the 'real' Paris.

The Chase Manhattan Bank of 1961 illustrates the essentially hierarchical nature of American business, where administrative and clerical staff still worked in open pools, managers in partitioned offices and executives in the luxury of the sixtieth floor.

LA AMÉRICA CORPORATIVA DE LOS 50

En la década de los años 50 se adoptó la arquitectura de acero y vidrio del Movimiento Internacional como la nueva imagen de la América corporativa. La Lever House de 1952, diseñada por Skidmore Owings y Merrill fue el primer proyecto que ofreció la imagen moderna de la eficiencia y la estandarización a un cliente corporativo.

Entre los años 50 y 60 se construyó en Nueva York una serie de estas "cajas de cristal" herméticamente cerradas, que expresaban el dominio comercial y cultural de la ciudad. La gran escultura de la plaza y un interior moderno, alto y esbelto, personificado por diseñadores como la Knoll planning Unit, se convirtieron en el nuevo idioma internacional de los negocios y el éxito.

Con el uso generalizado de la climatización y de la iluminación fluorescente, estos nuevos edificios de gran altura podían tener plantas profundas y libres altamente eficientes. Ya no era un imperativo contar con iluminación natural, ya fuera de ventanas o lucernarios, ni estar cerca de una hueco practicable para ventilar. El falso techo se hizo cargo de las funciones de iluminación y ventilación. La oficina había logrado independizarse totalmente del entorno exterior.

Esta fórmula fue muy influyente en todo el mundo. La película de Jacques Tati *Playtime*, 1967, se burla de la idea de la ciudad moderna, siguiendo a un grupo de turistas americanos que recorren una metrópolis de acero y cristal en busca del París "auténtico".

El Chase Manhattan Bank de 1961 ilustra la naturaleza esencialmente jerárquica de las empresas estadounidenses, donde el personal administrativo y de oficina aún funcionaba en salas abiertas, los gerentes en oficinas con mamparas y los ejecutivos envueltos en el lujo del piso 60.

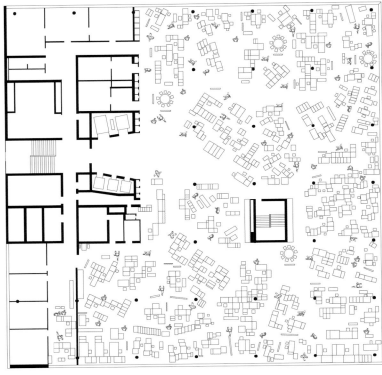

Walter Henn. Osram Offices. Munich, 1963.

OFFICE-LANDSCAPE

In the 1950s in Germany, the Quickborner team of management consultants developed the radical office layout idea of *Bürolandschaft* or 'office-landscape'. This consisted of free and open plans of furniture scattered in large, structurally undivided spaces with mechanically controlled environments. Unlike the American open plan, strategic use of partitions and large plants created some degree of differentiation and privacy. The use of carpets and ceiling absorbing panels tempered the noise of a large office to some degree.

Derived from organisational theory, the rationale of *Bürolandschaft* was based on a more complex scientific 'model' of 'human relations' rather than Taylorism. For the first time the widely diverse nature of kinds of office work was recognised and the Quickborner team devised criteria for fitting a particular kind of office to a specific type of layout.

The Social Democratic nature of post-war government in many Northern European countries fostered a more egalitarian management approach. The Quickborner team encouraged all ranks of company staff to sit together on one open floor in an attempt to create a non-hierarchical environment that increased communication between people and allowed for future flexibility.

Bürolandschaft enjoyed a brief period of popularity in Europe, especially in Germany, and was picked up in some British offices by the end of the 1960s. Furniture systems such as Herman Miller Action Furniture was developed to adapt the desk to this new office environment and respond to concerns about noise and privacy. Such furniture began to accumulate built-in partitions and storage in an attempt to confer the status of small rooms to each desk in an open plan, in this way undermining the original open and charmingly random quality of *Bürolandschaft*.

OFICINA-PAISAJE

En Alemania en la década de 1950, el equipo de consultores de gestión Quickborner desarrolló la idea radical de *Bürolandschaft* o la oficina-paisaje. Consistía en plantas libres y abiertas con muebles diseminados en grandes espacios, sin divisiones estructurales y con el ambiente controlado mecánicamente. A diferencia de la planta abierta americana, el uso estratégico de particiones y de elementos vegetales de grandes proporciones creaba un cierto grado de diferenciación y privacidad. El uso de alfombras y paneles de techo absorbentes reducía en cierta medida el ruido de una gran oficina.

Derivado de la teoría de la organización, el concepto de *Bürolandschaft* se basaba en un "modelo" científico más complejo de "relaciones humanas", que el taylorismo. Por primera vez se reconocía la naturaleza diversa de los tipos de trabajo en una oficina y el equipo Quickborner ideó criterios para adecuar un tipo concreto de diseño a cada tipo específico de oficina.

La naturaleza socialdemócrata de los gobiernos de post-guerra de muchos países del norte de Europa fomentó un enfoque de gestión más igualitaria. El equipo Quickborner promovió que todos los rangos de personal de una empresa trabajaran juntos en una planta abierta, en un intento de crear un ambiente no jerárquico que aumentara la comunicación entre las personas, facilitada por una mayor flexibilidad.

La oficina-paisaje disfrutó de un breve período de popularidad en Europa, especialmente en Alemania, y fue adoptada por algunas oficinas británicas a finales de la década de los años 60. Sistemas de mobiliario tales como Herman Miller Action Furniture fueron desarrollados para adaptar el escritorio a este nuevo entorno de oficina y responder a los requerimientos sobre ruido y privacidad. Dichos muebles integraban particiones y almacenamiento en un intento de conferir el carácter de los despachos pequeños a cada escritorio dentro de una planta abierta, socavando así el encanto y la libertad del modelo aleatorio del *Bürolandschaft* original.

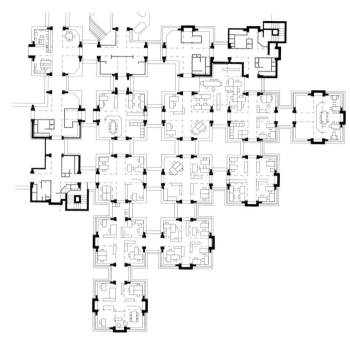

Herman Hertzberger. Centraal Beheer. Apeldoorn, 1970-1973.

STRUCTURALIST OFFICE

In the 1950s the supremacy of the Modernist model of the functional city had started to be criticised and certain designers looked to the patterns and human associations of the traditional city and archetypal forms of other cultures such as the North African Kasbah. The Dutch architect Herman Hertzberger developed a kind of structuralist architecture influenced by the ethnic anthropologist Claude Lévi-Strauss. Hertzberger's Centraal Beheer insurance company project –built in Apeldoorn, Holland in 1970-1973– is a kind of 'worker's village' designed so that the occupants 'would have the feeling of being part of a working community without being lost in the crowd'. The building is a deep spatial matrix of concrete and blockwork arranged on a tartan grid. Platforms separated by light wells enable light to filter down into the centre of the plan. The unfinished quality of the materials and the repetitive nature of these small platforms allowed them to be appropriated by small groups of 8-10 people who were encouraged to personalise and decorate the space. The company actively encouraged a sense of the family to enter the office and many workers actually brought pieces of furniture and members of their family from home into work.

The collective 'human scale' language of the architecture however did not extend to providing large representative public spaces for the organisation and its labyrinthine quality meant that it was very easy to become lost inside the deep plan. The Centraal Beheer is most notable for its success in empowering the individual and reflected a general trend in Europe of a steadily increasing status for the office worker. Compared to previous examples the amount of space per person is very high as there is so much circulation; it is certainly much less efficient that any form of open plan. The driving force behind the building is the Company's decision to place the human resource of their staff above questions of efficiency or economy.

LA OFICINA ESTRUCTURALISTA

En la década de los años 50, la supremacía del modelo moderno de la ciudad funcional había comenzado a ser criticado y algunos diseñadores se interesaban por los patrones organizativos, las asociaciones humanas de la ciudad tradicional y las formas arquetípicas de otras culturas, como la kasba norteafricana. El arquitecto holandés Herman Hertzberger desarrolló un tipo de arquitectura estructuralista influenciada por el antropólogo Claude Lévi-Strauss. El proyecto para la empresa de seguros Centraal Beheer, de Hertzberger –construido en Apeldoorn, Holanda, en 1970-1973– es una especie de "poblado de los trabajadores" diseñado para que los ocupantes "tuvieran la sensación de ser parte de una comunidad de trabajo sin perderse en la multitud". El edificio es una profunda matriz espacial de hormigón y bloque, dispuesta en una trama de tejido de tartán. Las plataformas separadas por patios logran que la luz se filtre hacia el centro de la planta. Los materiales en bruto y la naturaleza repetitiva de estas plataformas, apropiadas para pequeños grupos de 8-10 personas, animaban a personalizar la decoración del espacio. La empresa promovía activamente el sentido de familia en la oficina y muchos trabajadores traían muebles de sus casas e incluso llevaban a miembros de su familia al trabajo.

Sin embargo, el lenguaje colectivo de la arquitectura "a escala humana", no se preocupaba por incluir grandes espacios representativos en el programa y su cualidad laberíntica significaba que era muy fácil perderse dentro de la planta profunda. Centraal Beheer es notable por su éxito en la potenciación del trabajador y refleja la tendencia general europea de mejora creciente del estatus del empleado. En comparación con los ejemplos anteriores, la cantidad de espacio por persona es muy alto ya que hay mucho de circulación pero es, sin duda, mucho menos eficiente que cualquier otra forma de planta abierta. El edificio obedece a la decisión de la empresa de situar los recursos humanos por encima de asuntos como la eficacia o la economía.

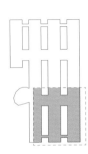

Steidle and Kiessler. Gruner & Jahr. Hamburg, 1985.

EURO STAKEHOLDER OFFICE

The rejection of *Bürolandschaft* in Continental Europe more or less corresponded with the Economic crisis of 1973 triggered by increases in energy costs. Deep expanses of air-conditioned and artificially lit office space seemed less sustainable and the difficulty some found in adapting to open office environments resulted in its fall from fashion.

The increasing involvement of the employee in corporate decision-making resulted in workers councils that became influential in the design of the working environment. Countries such as Sweden, Germany and The Netherlands adopted regulations that governed space standards per employee and demanded access to views, daylight and openable windows. Personal control of the environment was seen to be a very important factor in the well being of the worker. As office workers became more enfranchised this control extended to the actual organisation and ownership of companies, many opting to give their employees the opportunity to become stakeholders.

The result of this development is the model that remains dominant today for Continental European offices. New office buildings follow the general pattern of narrow buildings of cellular offices arranged along a central corridor. The ambition for each employee to work in their own office or amongst a small group was the new formula that seemed to contradict all the claims of *Bürolandschaft*. European companies are generally owner-occupiers and their buildings are purpose built for their needs. The result of well meaning but inflexible regulations is that many office environments do not express the culture of their organisations in a positive and integrated way and many monotonous cellular offices are the result. Recent attempts to create a more public realm in the European office have taken the form of cellular offices with public 'streets' with cafes and relaxation areas such as the Stockholm SAS building by Niels Torp of 1987. The 'combi-office' invented by the Swedish practice Tengbom combines cellular offices on the exterior of a building with a common space for employees and services in the centre. There is now also a strong ecological and sustainability agenda in the production of new office buildings on the continent, as an extension of the socially responsible ethos of the stakeholder model.

EUROPA: LA OFICINA PARTICIPATIVA

El rechazo de la oficina-paisaje en Europa continental correspondió, más o menos, con la crisis económica de 1973, provocada por los aumentos en los costos de energía. Las plantas profundas, con aire acondicionado y artificialmente iluminadas, parecían poco sostenibles y a ello se unió la dificultad que algunos encontraban para adaptarse a la oficina abierta, por lo que pasó del éxito al fracaso. La creciente participación de los empleados en la toma de decisiones corporativas se manifestó en comités de trabajadores que llegaron a ser influyentes en el diseño del entorno laboral. Países como Suecia, Alemania y Holanda adoptaron regulaciones sobre el espacio por empleado y el acceso a vistas, iluminación natural y ventanas practicables. El control personal del entorno se convirtió en un factor muy importante para el bienestar del trabajador. A medida que los trabajadores de oficina se emanciparon, este control se extendió a la organización y a la propiedad real de las empresas, en muchas de las cuales llegaron a ser parte interesada.

El resultado de este desarrollo es el modelo que sigue siendo dominante hoy en día en las oficinas de la Europa continental. Los nuevos edificios siguen el patrón general de plantas estrechas con despachos individuales dispuestos a lo largo de un pasillo central. La ambición de cada empleado de trabajar en su propia oficina o con un grupo pequeño es la nueva fórmula, que parece contradecir las ventajas de la oficina-paisaje. Las empresas europeas son, en general, propietarios-usuarios y sus edificios se construyen especialmente para sus necesidades. El resultado de esta regulación, con buenas intenciones pero inflexible, es que muchos entornos de oficina no expresan la cultura de sus organizaciones de una manera positiva e integrada y el resultado son los monótonos despachos individuales. Los recientes intentos de crear un ámbito más público en la oficina europea han adoptado la forma de despachos individuales y "calles" públicas con cafeterías y zonas de relajación, como el proyecto de Niels Torp para SAS en Estocolmo, 1987. El *combi-office* inventado por la firma sueca Tengbom combina oficinas individuales en el margen de la planta con un espacio común para los empleados y los servicios en el centro.

Actualmente, la agenda ecológica y sostenible afecta en gran manera la construcción de nuevos edificios de oficinas en el continente, como extensión de la ética social responsable propia del modelo empresarial en el que hay que contar con todas las partes interesadas.

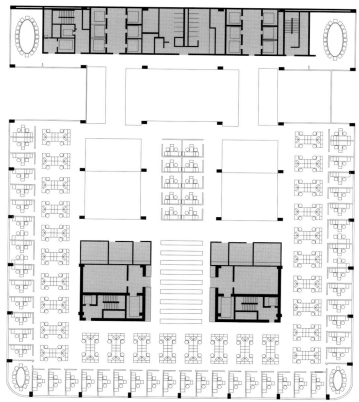

Foster and Partners. Citibank Headquarters, Canary Wharf. London, 1996-2000.

US/UK SHAREHOLDER OFFICE

In Britain and America a more hierarchical corporate culture has resulted in a different response to *Bürolandschaft*. The space efficiency and perceived communication benefits of the open plan were retained but the underlying ethos has remained that of the Taylorist office. Many offices have a mixture of cellular offices for senior managers and open plan space for other workers. Both the developers who build these buildings and the companies that occupy them are ultimately responsible to the shareholder rather than to the employee.

Significantly higher rents in London than in other European cities and relatively few regulations regarding space standards in offices has resulted in deeper and more open office plans. The use of compact and efficient American-style open plans developed into the large dealing floors that became popular with financial services firms following the deregulation of the stock market in 1986. A great deal of interaction and urgency characterises this type of work. Deep raised floors were needed to accommodate the large amounts of services needed for the widespread use of the computer in such expansive spaces. Broadgate by Arup Associates in the City of London, 1987, is a model development of this type. Large scale developments in Canary Wharf from the 1990s follow more closely the American model of the office.

In the UK office buildings are often designed as empty shells that only generally anticipate the organisations that will occupy the future building. It is usual for companies to rent rather than buy their space and therefore building developers dominate the office market. Offices are also often set up in old buildings such as warehouses that may not have been purpose-designed, but offer generously scaled and flexible spaces.

Another trend that became widespread in Britain and America is the out-of-town business park, with its cheaper rents than central city locations. In the UK this phenomenon is often driven by the logic of the cost-cutting management consultant and the increasing mobility of day-to-day office work. Many of these developments have used the increased amount of open space to build shallower plan offices with more contact with the outside. The deep, artificially lit and air-conditioned, plan has been linked to 'sick building syndrome' and higher employee absenteeism and dissatisfaction.

ESTADOS UNIDOS/REINO UNIDO: LA OFICINA DEL ACCIONISTA

En Gran Bretaña y Estados Unidos, una cultura corporativa más jerárquica ha dado lugar a una respuesta diferente a la Oficina-paisaje. La eficiencia del espacio y los beneficios evidentes de comunicación de la planta abierta se mantuvieron pero el principio subyacente sigue siendo el de la oficina taylorista. Muchas oficinas tienen una mezcla de despachos para los altos directivos y espacio abierto para los demás trabajadores. Tanto los promotores que construyen estos edificios como las empresas que los ocupan son responsables, en última instancia, frente los accionistas y no frente a los empleados.

Los mayores alquileres de Londres con respecto a otras ciudades europeas y las relativamente pocas regulaciones con respecto a las normas de espacio en las oficinas, se ha traducido en plantas más profundas y más abiertas. El uso de plantas abiertas al estilo americano, compactas y eficientes, donde se ubican grandes salas para transacciones fue muy popular entre las empresas de servicios financieros a raíz de la desregulación del mercado de valores en 1986. Este tipo de trabajo se caracteriza por una gran interacción y rapidez y se necesitaban suelos elevados con capacidad para una gran cantidad de servicios exigidos por el uso intensivo de ordenadores en espacios tan amplios. Broadgate, de Arup Associates en la City de Londres, 1987, es un modelo de este tipo de desarrollo. Los proyectos a gran escala en Canary Wharf, a partir de la década de los años 90 siguen más de cerca el modelo americano de la oficina.

En el Reino Unido, los edificios se diseñan a menudo como cáscaras vacías ajenos a las particularidades de las empresas que los ocuparán. Suelen ser alquilados posteriormente y, por lo tanto, son los promotores los que dominan el mercado. También se utilizan con frecuencia edificios existentes, como naves de almacenaje, que no han sido diseñados para ese propósito, pero que ofrecen espacios generosamente amplios y flexibles.

Otra tendencia que se generalizó en Gran Bretaña y Estados Unidos fue el parque de negocios fuera de la ciudad, con alquileres más baratos que los del centro urbano. En el Reino Unido este fenómeno es a menudo impulsado por las consultorías de gestión, que aconsejan la reducción de costes, y por el aumento de la movilidad diaria del trabajo de oficina. Muchos de estos traslados han aprovechado la mayor cantidad de espacio abierto para construir oficinas menos profundas, con más contacto con el exterior. La planta profunda, iluminada artificialmente y con aire acondicionado se ha relacionado con el "síndrome del edificio enfermo", el aumento del absentismo y la insatisfacción de los empleados.

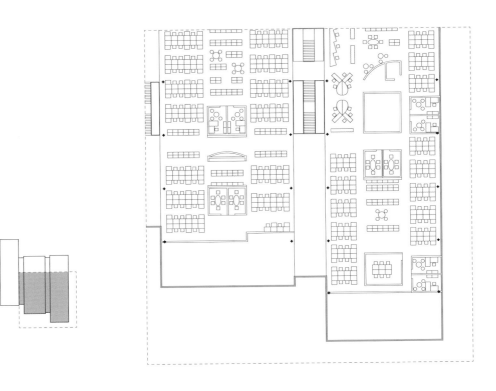

DEGW (fit-out) British Telecom offices. Stockley Park, 1996.

THE VIRTUAL OFFICE

The influences of branding and information technology have had the greatest effect on recent developments of the office. The widespread use of the Internet, laptops and mobile phones has created a much more fluid situation. Work could become more mobile and move from the office to the café or the home. The cost savings of teleworking and outsourcings could not be ignored by companies facing new demands to remain competitive in the globalised markets of the 1990s. The British Telecom office in Stockley Park, on the M25 near Heathrow airport, is an open plan business park building occupied as part of their 'Workstyle 2000' initiative. This branded process was created to smooth the transition from being a public utility to a privatised company competing in a global telecommunications market. British Telecom took the opportunity to change the working culture of their organisation, selling off properties in inner city areas and moving to the outskirts and regional hubs. At Stockley Park staff —mostly managers previously accustomed to cellular offices in West London— now travel to work by car and spend a maximum of three days a week in the office —the remainder spent with clients or working from home.

In the actual office environment, designed to enable 'hot-desking' and more team-based working, the unimaginative and regularized open plan has made it difficult for people to identify or feel at home and departmental groupings are unclear. Fast-track construction has made it difficult to consult with the future users, so while the result may be increased efficiency and profits for the company it actually illustrates only the most up-to date version of the Taylorist attitudes that have dominated the office throughout its history. The new territories of the motorway, airport and trading estate —or the non-place— celebrated in the novels of James Graham Ballard are now the familiar everyday working experience for many office workers.

LA OFICINA VIRTUAL

Las influencias de la marca y la tecnología de la información han sido las que más han afectado a la evolución reciente de la oficina. El uso generalizado de Internet, los ordenadores portátiles y los teléfonos móviles ha creado una situación mucho más fluida. El trabajo se ha hecho más móvil y ha pasado de la oficina a la cafetería o al hogar. El ahorro de costes por el teletrabajo y las subcontrataciones no podía ser ignorado por las compañías que querían seguir siendo competitivas en los mercados globalizados de la década de los años 90.

La oficina de British Telecom en Stockley Park, junto a la autopista M25, cerca del aeropuerto de Heathrow, es un edificio-tipo de parque empresarial de planta abierta, que forma parte de la iniciativa *Workstyle 2000*. Este proceso fue creado para facilitar la transición de un servicio público a una empresa privatizada que compite en el mercado global de las telecomunicaciones. British Telecom aprovechó la oportunidad para cambiar la cultura de trabajo de su organización, vender sus propiedades en el centro urbano y trasladarse a las afueras y a los centros regionales. El personal de Stockley Park —en su mayoría gerentes acostumbrados a oficinas con despachos en el oeste de Londres— ahora va a trabajar en coche y pasa un máximo de tres días a la semana en la oficina —el resto lo pasa con los clientes o trabajando desde casa.

En el entorno de oficina actual, diseñado para facilitar "mesas calientes" y más trabajo en equipo, la planta abierta americana, regularizada y poco imaginativa, hace difícil que los empleados se sientan como en casa y las agrupaciones por departamentos no están claras. Los métodos acelerados de construcción hacen difícil consultar con los futuros usuarios, por lo que, aunque aumenten los beneficios para la empresa, en realidad esto no es más que la versión actualizada de las actitudes tayloristas que han dominado la oficina a lo largo de su historia. Los nuevos territorios de la autopista, el aeropuerto y el polígono industrial —o el no-lugar— famosos en las novelas de James Graham Ballard, son ahora la experiencia cotidiana para muchos trabajadores de oficina.

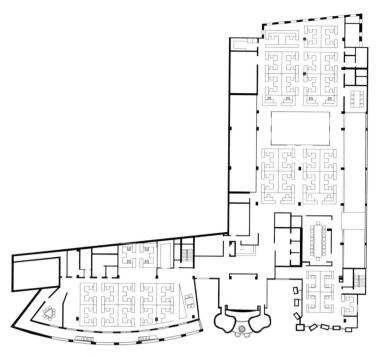

Clive Wilkinson Architects. TBWA/Chiat/Day offices. Los Angeles, 1998.

THE CASUAL OFFICE

A parallel trend in office design is the casual office pioneered by Silicon Valley software firms in the eighties, which encourages highly personalised workspaces suited to long hours spent programming. The 'dress code' of such an office became much more relaxed than a conventional office. As this approach becomes more widespread, especially in creative industries in fashionable central city locations, many have started to become open 24 hours to enable more flexible working patterns. Clearly these offices are the environments where design and creative thinking are developing new ideas that can make the office a more inspiring place.

LA OFICINA INFORMAL

Una tendencia paralela en el diseño de la oficina es la oficina informal, promovida por primera vez por las empresas de software de Silicon Valley en los años ochenta, que fomenta los espacios de trabajo altamente personalizados, adaptados a las largas horas de programación. El "código de vestuario" de esa oficina era mucho más relajado que el de una oficina convencional. A medida que este enfoque se generaliza, sobre todo en las empresas creativas situadas en las zonas de moda del centro de las ciudades, muchas permanecen abiertas las 24 horas para permitir horarios de trabajo más flexibles. Es evidente que son estos entornos, en los que el diseño y el pensamiento creativo están desarrollando nuevas ideas, los que pueden hacer que la oficina sea un lugar más inspirador.

OFFICE PARADIGMS

Different possibilities of plan layout inspired by examples from outside the office

Distintas posibilidades de organización de la planta inspiradas en ejemplos ajenos a la oficina

THE LIBRARY LA BIBLIOTECA

Louis I. Kahn. Library, Philip Exeter Academy, New Hampshire, 1965-1971.

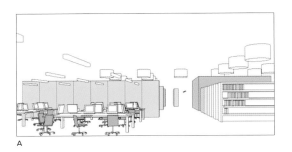

A

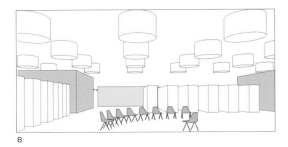

B

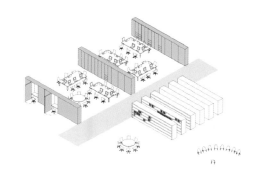

The library is arranged like an onion: on the outside are quiet working areas, peeling away this layer, a ring of circulation lies within. Deeper inside an inner layer of services and book stacks surrounds a central space —the focus of the library.

La biblioteca está dispuesta como una cebolla: en el exterior están las áreas de trabajo silenciosas, al quitar esta capa, aparece un anillo de circulación y más en el interior, la capa de servicios y estanterías que rodea el espacio central de la biblioteca.

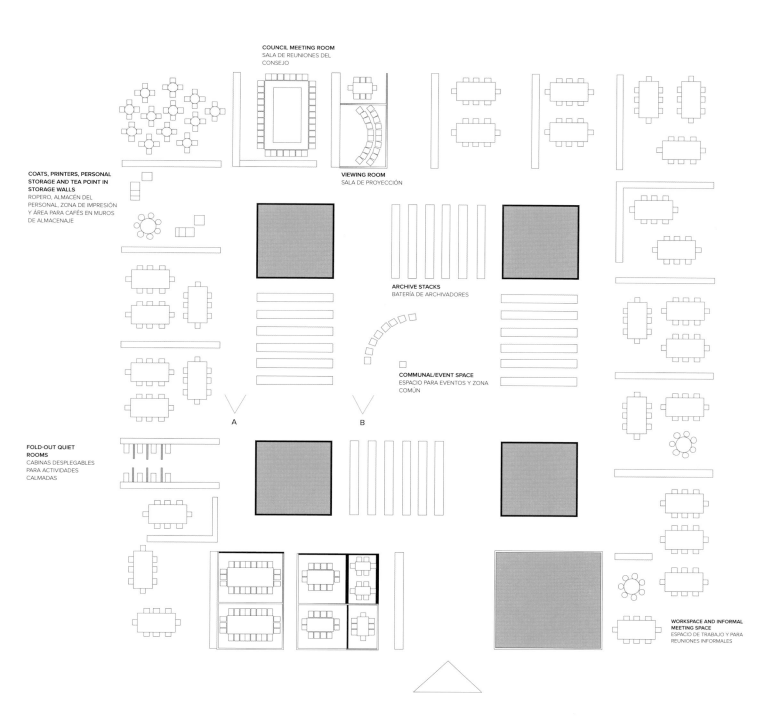

COUNCIL MEETING ROOM
SALA DE REUNIONES DEL CONSEJO

VIEWING ROOM
SALA DE PROYECCIÓN

COATS, PRINTERS, PERSONAL STORAGE AND TEA POINT IN STORAGE WALLS
ROPERO, ALMACÉN DEL PERSONAL, ZONA DE IMPRESIÓN Y ÁREA PARA CAFÉS EN MUROS DE ALMACENAJE

ARCHIVE STACKS
BATERÍA DE ARCHIVADORES

COMMUNAL/EVENT SPACE
ESPACIO PARA EVENTOS Y ZONA COMÚN

A

B

FOLD-OUT QUIET ROOMS
CABINAS DESPLEGABLES PARA ACTIVIDADES CALMADAS

WORKSPACE AND INFORMAL MEETING SPACE
ESPACIO DE TRABAJO Y PARA REUNIONES INFORMALES

OFFICE PARADIGMS

Different possibilities of plan layout inspired by examples from outside the office

Distintas posibilidades de organización de la planta inspiradas en ejemplos ajenos a la oficina

ARCHIPELAGO ARCHIPIÉLAGO

Stockholm archipelago, Sweden.

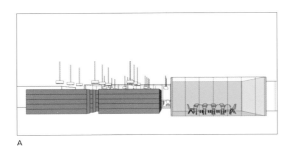

A

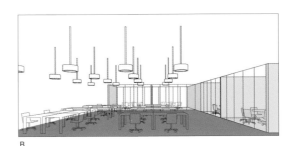

B

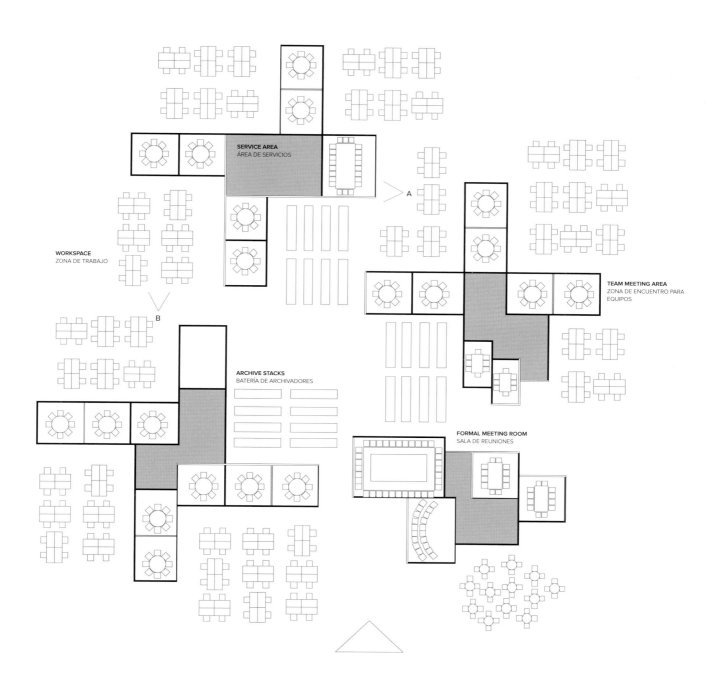

An informal arrangement of islands is surrounded by a sea of different conditions: wide sounds, narrower channels and more sheltered bays and inlets.

Una disposición informal de islas rodeada por un mar de condiciones diferentes: anchos brazos de mar, canales más estrechos y bahías y ensenadas más abrigadas.

SERVICE AREA
ÁREA DE SERVICIOS

A

WORKSPACE
ZONA DE TRABAJO

B

TEAM MEETING AREA
ZONA DE ENCUENTRO PARA EQUIPOS

ARCHIVE STACKS
BATERÍA DE ARCHIVADORES

FORMAL MEETING ROOM
SALA DE REUNIONES

OFFICE PARADIGMS

Different possibilities of plan layout inspired by examples from outside the office

Distintas posibilidades de organización de la planta inspiradas en ejemplos ajenos a la oficina

GREAT ROOMS GRANDES SALAS

Louis Le Vau, Jules Hardouin-Mansart, Robert de Cotte, Jacques V Gabriel, Ange-Jacques Gabriel. Chateau Versailles, 1623-1682.

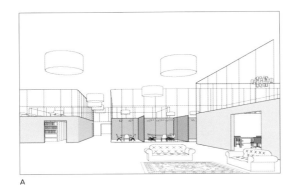

A

B

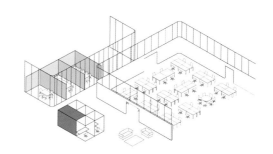

Each room has a different atmosphere and concentrates a specific and focused community. The spaces between are free flowing around and between the rooms: here there is a more diffused and informal atmosphere.

Cada habitación tiene un ambiente diferente y concentra una comunidad específica y focalizada. Los espacios intermedios fluyen libremente alrededor y se disponen entre las habitaciones, con un ambiente más difuso e informal.

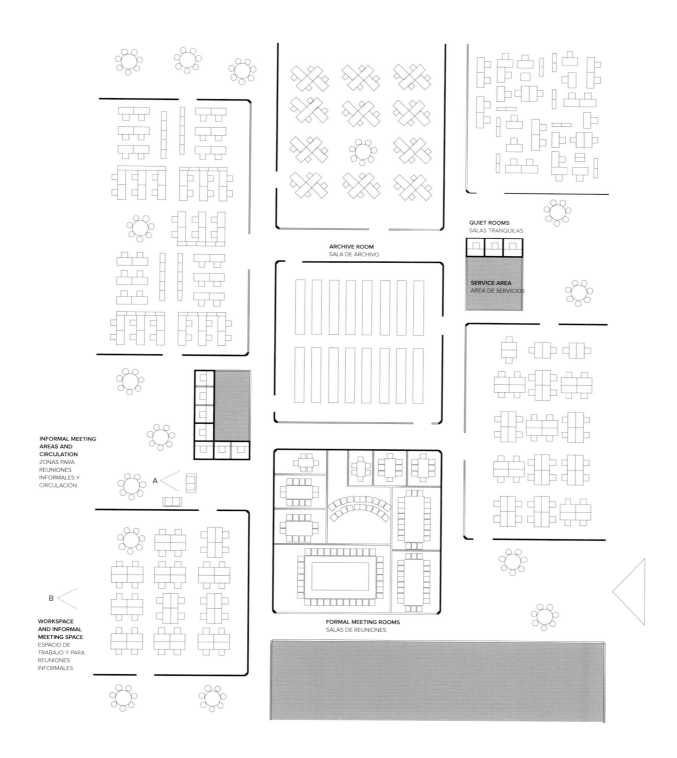

QUIET ROOMS
SALAS TRANQUILAS

ARCHIVE ROOM
SALA DE ARCHIVO

SERVICE AREA
AREA DE SERVICIOS

INFORMAL MEETING AREAS AND CIRCULATION
ZONAS PARA REUNIONES INFORMALES Y CIRCULACIÓN

A

B

WORKSPACE AND INFORMAL MEETING SPACE
ESPACIO DE TRABAJO Y PARA REUNIONES INFORMALES

FORMAL MEETING ROOMS
SALAS DE REUNIONES

OFFICE PARADIGMS

Different possibilities of plan layout inspired by examples from outside the office
Distintas posibilidades de organización de la planta inspiradas en ejemplos ajenos a la oficina

FIELDS CAMPOS

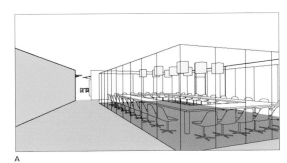

A

B

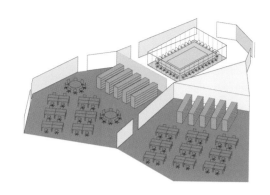

Territories or fields are established by boundary lines —in each one a different kind of cultivation occurs. They are distinct but it is possible to cross from one into another.

Los terrenos o piezas están definidas por las líneas de límite —en cada uno de ellos se produce un tipo diferente de cultivo. Son distintos, pero es posible pasar de uno a otro.

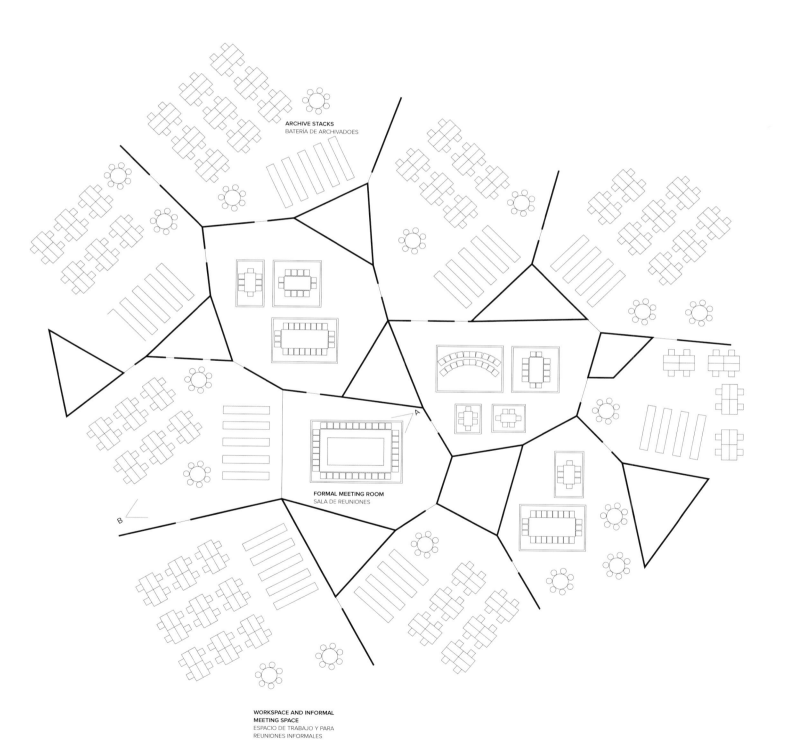

ARCHIVE STACKS
BATERÍA DE ARCHIVADOES

FORMAL MEETING ROOM
SALA DE REUNIONES

WORKSPACE AND INFORMAL MEETING SPACE
ESPACIO DE TRABAJO Y PARA REUNIONES INFORMALES

OFFICE PARADIGMS

Different possibilities of plan layout inspired by examples from outside the office
Distintas posibilidades de organización de la planta inspiradas en ejemplos ajenos a la oficina

CITY GRID TRAMA URBANA

Santo Domingo, 1671.

A

B

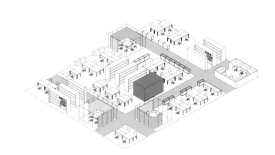

A grid of continuous repeated units that accomodates difference and specific moments within a homogenous pattern.

Una rejilla de unidades continuas y repetidas que acoge diferencias y momentos específicos dentro de un patrón homogéneo.

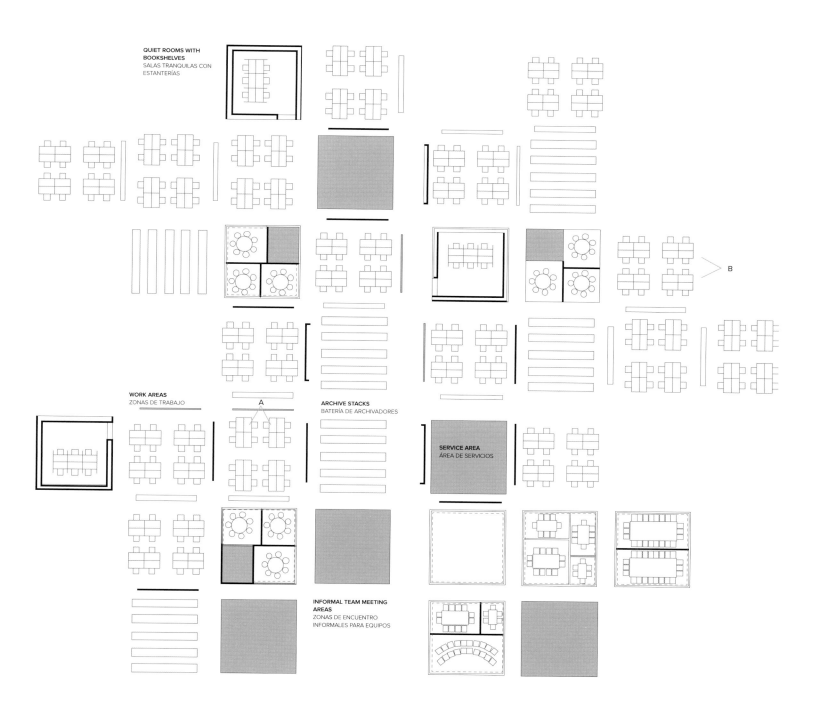

QUIET ROOMS WITH BOOKSHELVES
SALAS TRANQUILAS CON ESTANTERÍAS

WORK AREAS
ZONAS DE TRABAJO

ARCHIVE STACKS
BATERÍA DE ARCHIVADORES

SERVICE AREA
ÁREA DE SERVICIOS

INFORMAL TEAM MEETING AREAS
ZONAS DE ENCUENTRO INFORMALES PARA EQUIPOS

TIMELINE CRONOLOGÍA

Major innovations made in the office environment since its inception

Principales innovaciones realizadas en el entorno de la oficina desde su origen

a+t research group

| 1857 | 1873 | 1876 | 1885 |

PUBLIC ELEVATOR
Elisha Otis
New York, USA

Otis invented a braking element as a safety system for elevators which boosted public confidence. The first commercial elevator was installed in a large department store located at 490 Broadway. The elevator was a resource necessary to vertically connect the different storeys in the building and this led to the speculative development of the high-rise office.

ASCENSOR PÚBLICO: Otis inventó un elemento de frenado como sistema de seguridad para ascensores que aumentó la confianza del público. El primer ascensor comercial fue instalado en unos grandes almacenes situados en el 490 de Broadway. El ascensor fue el medio necesario para comunicar verticalmente las distintas plantas de un edificio, lo que propició el desarrollo especulativo de la oficina en altura.

TYPEWRITER
E. Remington and Sons
Ilion, New York, USA

In the last quarter of the 19th Century, Remington launched commercial production of the QWERTY-keyboard typewriter which was to become an office standard. The expansion period lasted slightly over a hundred years until the late 1980s when the word processor and the PC led to the end of mass use.

MÁQUINA DE ESCRIBIR: En el último cuarto del siglo XIX, Remington comenzó la producción comercial de la máquina de escribir con teclado QWERTY, que se convirtió en un estándar para oficinas. El periodo de expansión duró algo más de cien años. A finales de los ochenta, el procesador de textos y el ordenador terminaron con su utilización masiva.

TELEPHONE
Alexander Graham Bell
USA

The possibility of transmitting information over long distances enabled the administration space to become separate from the production space. The office building typology was born.

TELÉFONO: La posibilidad de trasmitir información a distancia permite que el espacio administrativo se separe del productivo. Nace la tipología del edificio de oficinas.

STRUCTURAL STEEL FRAME
William Le Baron Jenney
Chicago, USA

The Home Insurance Building is considered to be the first high-rise building constructed using steel columns and beams. It was the headquarters of an insurance company. The aim of the design was for bright open-plan spaces. The brickwork modular openings in the facades are the precursor of the glass-steel curtain wall. The steel frame optimized use and distribution of the interior space due to a good ratio between the net floor area and the gross floor area.

ESTRUCTURA DE ACERO: The Home Insurance Building es considerada la primera estructura en altura construida con soportes y vigas de acero. Fue la sede principal de una compañía de seguros. El diseño buscaba espacios diáfanos y bien iluminados. Los huecos modulares de las fachadas realizados con fábrica de ladrillo son el precedente del muro-cortina de vidrio y acero. La estructura de acero optimizaba el uso y la distribución del espacio interior debido a una buena relación entre superficie útil y superficie construida.

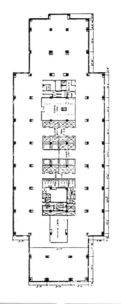

| 1902 | 1912 | 1930-1939 | 1937 |

AIR CONDITIONING
Willis Carrier
Brooklyn, New York, USA

The first central air conditioning system was installed in a Brooklyn printer's to control the humidity of the paper during the printing process. Four years later Carrier was to patent the Apparatus for Treating Air that brought the onset of air conditioning systems which would later be installed in most modern office buildings.

AIRE ACONDICIONADO: El primer sistema de aire acondicionado centralizado se instaló en una imprenta de Brooklyn para controlar la humedad del papel durante el proceso de impresión. Cuatro años más tarde Carrier patentó el *Apparatus for Treating Air* que fue el inicio de los equipos de aire acondicionado que se instalarían posteriormente en la mayoría de los edificios de oficinas modernos.

LARGE GLASS SKYLIGHT ATRIUM
Otto Wagner
Vienna, Austria

The religious character of the glass vault afforded to the atrium was a solution repeated later in many office buildings due to its overwhelming transparency. Daylight penetrates the operations room of this bank and reduces consumption of artificial lighting. Wright recreated this atmosphere nearly three decades later in the building for Johnson Wax in Racine.

ATRIO CON CUBIERTA ACRISTALADA: El carácter religioso que la bóveda de vidrio otorgaba al atrio fue una solución repetida posteriormente en numerosos edificios de oficinas por su sobrecogedora transparencia. La luz natural penetra en la sala de operaciones de este banco y reduce el consumo de iluminación artificial. Wright reprodujo este ambiente, casi tres décadas más tarde, en el edificio para la Johnson Wax de Racine.

THE TAYLORIST URBAN COMPLEX
Raymond Hood
New York, USA

The Rockefeller Center represents the Taylorist model office, based on space optimization by stacking long floor plans with a central vertical circulation core. The organization of workstations into rows is still dependent on proximity to a natural light source. It was the first urban development in the world to include offices, retail, leisure and restaurants in one single complex.

EL COMPLEJO URBANO TAYLORISTA: Rockefeller Center representa el modelo de la oficina taylorista, basado en la optimización del espacio, mediante el apilamiento de plantas alargadas, con un núcleo central de circulación vertical. La organización de los puestos de trabajos en hileras todavía es dependiente de su proximidad a la iluminación natural. Fue el primer desarrollo urbano del mundo en incluir oficinas, comercio, ocio y restaurantes en un mismo complejo.

TASK-ORIENTED FURNITURE
Frank Lloyd Wright
Metal Office Furniture Co./Steelcase

This series of furniture is the basis of the modern workstation. A triple-level desk with a three-legged chair on wheels (which initially had some stability issues). This was designed by Wright for the Great Workroom in the Johnson Wax Building.

MOBILIARIO PARA FUNCIONES ESPECÍFICAS: Esta serie de mobiliario es el origen del puesto de trabajo moderno. Mesa en tres niveles y silla de ruedas con tres patas (que produjo algunos problemas de estabilidad en el inicio). Fue diseñada por Wright para la Great Workroom del edificio Johnson Wax.

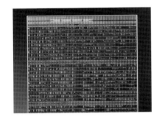
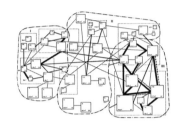

| 1939 | 1943 | 1950 | 1956 |

THE GREAT WORK ROOM
Frank Lloyd Wright
Racine, Wisconsin, USA

In the Great Work Room of the Johnson Wax administration building there is no sensation of being enclosed. The bright interior space has no walls and divisions and employees are distributed over a hierarchy-free floor within a forest of mushroom-shaped columns.

GRAN ESPACIO COMÚN DE TRABAJO: En la gran sala de trabajo del edificio administrativo de la Johnson Wax no existe ninguna sensación de enclaustramiento. El luminoso espacio interior está liberado de muros y divisiones y los empleados se distribuyen por una planta sin jerarquías dentro de un bosque de soportes fungiformes.

THE KNOLL PLANNING UNIT
Florence Knoll
New York, USA

Between the 1940s and the 1960s Florence Knoll (maiden name Schust) was highly influential in the interior design of American corporate buildings due to her view of the office as a whole in accordance with the architectural ideas of the German masters (Mies van der Rohe, Walter Gropius and Marcel Breuer) of the Bauhaus.

LA UNIDAD DE DISEÑO KNOLL: Entre los años cuarenta y setenta del siglo XX, la influencia de Florence Knoll (de soltera Schust) en el diseño interior del edificio corporativo americano fue esencial, por su consideración de la oficina como un todo, en concordancia con las ideas arquitectónicas de los maestros alemanes (Mies van der Rohe, Walter Gropius y Marcel Breuer) procedentes de la Bauhaus.

MECHANICAL PLANT
W. K. Harrison, Le Corbusier, O. Niemeyer and others
New York, USA

The United Nations Secretariat tower uses fragmentation of installations by floors to avoid any hindrance of the power of the machinery due to the excessive length of the service shafts in the high-rise buildings. In the thirty-nine storey Secretariat building, four floors, as well as the roof, are occupied solely by air conditioning systems.

CENTRALIZACIÓN DE EQUIPOS EN PLANTAS: La torre de la Secretaría de las Naciones Unidas utiliza la fragmentación de las instalaciones por plantas para evitar penalizar la potencia de la maquinaria por una excesiva longitud de las canalizaciones en los edificios en altura. En la torre de treinta y nueve plantas de la Secretaría existen cuatro que están ocupadas exclusivamente por sistemas de aire acondicionado, además de la cubierta.

BÜROLANDSCHAFT
Quickborner Team: Wolfgang and Eberhard Schnelle
Hamburg, Germany

This is an evolution of the Taylorist office towards greater interaction between the staff occupying a workplace. The layout of the landscape office takes a stance against hierarchical culture and adopts a more egalitarian, flexible and organic distribution. Vegetation is incorporated to provide divisions and to increase privacy in each workstation.

OFICINA-PAISAJE: Es una evolución de la oficina taylorista hacia una mayor interacción entre los empleados que ocupan un espacio de trabajo. La distribución de la oficina paisaje se posiciona en contra de la cultura jerárquica y adopta una distribución más igualitaria, flexible y orgánica. Se introduce la vegetación para realizar separaciones y aumentar la intimidad de cada puesto.

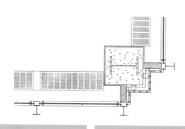

1957

1957

1958

1958

EXTENSIVE AMENITIES
SOM (Skidmore, Owings and Merrill) and Knoll
Bloomfield, Connecticut, USA

The Connecticut General Life Insurance Company head office provided its employees with countless amenities to make this quiet workplace in the Connecticut countryside more appealing. There were swimming pools, board games, lending library, cleaning services, food, bowling alleys, sports courts, a bar and a cafeteria selling affordable food, as well as an auditorium for four hundred people.

EQUIPAMIENTOS EXHAUSTIVOS: La sede central de Connecticut General Life Insurance Company ofrecía innumerables equipamientos a sus empleados para hacer más atractivo este retiro laboral en el campo de Connecticut. Se podía disfrutar de piscinas, juegos de mesa, biblioteca, servicios de limpieza, alimentación, boleras, pistas deportivas, bar y cafetería con comida asequible, además de un auditorio para cuatrocientas personas.

CLEAR-SPAN CONSTRUCTION
**SOM
(Skidmore, Owings and Merrill)**
Chicago, USA

The Inland Steel Building is supported by seven exterior columns at each of the longest sides of the facade. The interior is open-plan and free of any obstacles. There are no structural support elements within the perimeter. The circulation core, with its six elevators, service elevator and two staircases, is also a tower which is separate from the office storeys. It was renovated in 2008.

PLANTA LIBRE DE SOPORTES: El edificio de Inland Steel está soportado por siete columnas exteriores en cada uno de los lados más largos de la fachada. El interior es una planta libre, sin ningún tipo de obstáculos. No existen elementos de soporte estructural dentro del perímetro. El núcleo de comunicaciones con seis ascensores, un montacargas y dos cajas de escalera es también una torre exenta respecto a la planta de las oficinas. Ha sido renovado en 2008.

ACCESIBLE SUSPENDED CEILING
Donald A. Brown
Westlake, Ohio, USA

The invention of the accessible ceiling facilitated quick and easy access to the service installations running below the slab without having to perform expensive demolition and reconstruction work. This, along with modular fluorescent lighting which consumes less than incandescent lighting, was and still is a common solution for the upper surface of the contemporary office.

FALSO TECHO REGISTRABLE: El invento del techo registrable permitió un rápido y cómodo acceso a las instalaciones que discurren por debajo del forjado sin tener que realizar obras costosas de derribo y reconstrucción. Esta solución acompañada de la lámpara fluorescente modular, de menor consumo que la incandescente, ha sido y sigue siendo una solución habitual para construir la parte superior de la oficina contemporánea.

CURTAIN-WALL
Mies van der Rohe
New York, USA

The elegant structure of the facade of the Seagram Building is visible from the exterior. The bronze I-beams of the curtain wall (which required cleaning with lemon oil) established a model envelope which was to be recreated in a more awkward fashion in several corporate buildings. The would-be replicas never quite managed to attain either the level of refinement of this glass box or its iconic power as a black monolith.

MURO CORTINA: La elegante estructura de la fachada del edificio Seagram es visible desde el exterior. Los perfiles de bronce en doble T del muro cortina (que debían limpiarse únicamente con aceite de limón) establecen un modelo de envolvente que sería reproducido de manera más torpe en numerosos edificios corporativos. Las copias no llegaron a alcanzar el nivel de refinamiento de esta caja de vidrio, ni su icónico poder como monolito negro.

1961

THE AUTONOMOUS OFFICE
SOM
(Skidmore, Owings and Merrill)
New York, USA

The Chase Manhattan Bank Building is the paradigm of the office of a great American company. The workstation becomes autonomous in terms of light and ventilation due to the mass use of fluorescent lighting and air conditioning and the floor plan has a depth which is not determined by a maximum distance to the facade.

LA OFICINA AUTÓNOMA: El edificio del Chase Manhattan Bank es el paradigma de la oficina de una gran empresa americana. El puesto de trabajo se hace autónomo respecto a las condiciones naturales de luz y ventilación, debido a la introducción masiva de la iluminación fluorescente y del aire acondicionado y la planta alcanza una profundidad que no está determinada por una distancia máxima a fachada.

1964

ACTION OFFICE FURNITURE
SYSTEM
Robert Propst
Herman Miller, Inc.

Although initially Action Office might be considered to be the precursor of the cubicle farm, the designer Robert Propst was against closing off employees with office furniture and subsequent system solutions were closer to the open-plan office. The second version of the system, dating from 1968, already foresaw vertical mobility at the workstation between sit/stand positions.

SERIE DE MOBILIARIO ACTION OFFICE: Aunque en su inicio, Action Office pudo considerarse el antecedente del cubículo de oficina, su diseñador Robert Propst estaba en contra de encerrar a los empleados con mobiliario y las soluciones posteriores del sistema respondían más bien al tipo de oficina abierta. La segunda versión de esta serie, que data de 1968, contempla ya la movilidad vertical de la posición de trabajo entre la postura sentada y de pie.

1968

GREEN ATRIUM
Kevin Roche/John Dinkeloo
New York, USA

The main lobby of the Ford Foundation spreads the visual relationship between offices out to the whole of the building, establishing contact between employees and the vegetation growing on lower levels and extending the workplace out into the nearby urban environment.

ATRIO INVERNADERO: El gran vestíbulo de la Ford Foundation extiende la relación visual entre los despachos a todo el conjunto del edificio, pone en contacto a los empleados con la vegetación que crece en los niveles inferiores y amplía el espacio de trabajo al entorno urbano más próximo.

1973

THE WORKER'S VILLAGE
Herman Hertzberger
Apeldoorn, Netherlands

The Centraal Beheer insurance company is a sort of 'worker's village' designed such that staff 'would have the feeling of being part of a working community without being lost in the crowd. Each individual is empowered to act on their own work space and maintain their privacy as against previous models where corporate efficiency, control and productivity prevailed.

EL POBLADO DE TRABAJADORES: La compañía de seguros Centraal Beheer es una especie de "poblado de trabajadores" diseñado para que sus ocupantes tengan la sensación de formar parte de una comunidad sin que se sientan perdidos en la multitud. Se otorga poder a cada individuo para actuar sobre su espacio de trabajo y mantener su privacidad, en contra de modelos anteriores que primaban la eficiencia, el control y la productividad de la empresa.

1986

EXTERIOR SERVICE TOWERS
Richard Rogers Partnership
London, UK

In the Lloyd's of London Building the service areas leave the central space free and are joined to the perimeter as add-ons to the prismatic volume of the offices. This separation of the more technical components of the building ensures greater accessibility from the exterior and means they can be replaced more easily in the event of their becoming obsolete.

ZONAS DE SERVICIO EXTERIORES: En el edificio Lloyd's of London las zonas de servicio dejan libre el espacio central y se enchufan al perímetro como artefactos añadidos al volumen prismático de las oficinas. Esta separación de los componentes más técnicos del edificio asegura una mejor accesibilidad desde el exterior y por lo tanto una sustitución más fácil en caso de que lleguen a quedarse obsoletos.

1987

INNER STREET
Niels Torp
Stockholm, Sweden

In the SAS headquarters, Niels Torp follows the scheme of an inner street shrouded in vegetation as a central spine serving several buildings. The street is staggered and leads down to a lake at the end. It is a social space for company employees to socialize and there is also a café and an auditorium. Included in the route, in a central position, is a swimming pool and a sports hall to underline that maintaining a healthy body is a corporate concern.

CALLE INTERIOR: En la sede central de SAS, Niels Torp, emplea el esquema de una calle interior cubierta con vegetación, como una espina central que sirve a varios edificios. La calle es escalonada y desciende hasta un lago al final del recorrido. Es un espacio social de relación para los empleados de la compañía, con un café y un auditorio. También se incluyen en el recorrido, en una posición central, una piscina y una sala deportiva para recalcar que el mantenimiento de un cuerpo sano es también una preocupación de la empresa.

1989

WORLD WIDE WEB
Tim Berners-Lee
Geneva, Switzerland

The telegraph and the telephone are two communication devices which in their day revolutionized long-distance data transmission. The web was a leap forward in global communications due to its potential for real-time data exchange. In the business world, the internet has opened up the office and distributed it out into unexpected places. The working schedule has stretched and business relationships have spilled out onto social media with unlimited connectivity.

RED INFORMÁTICA MUNDIAL: El telégrafo y el teléfono son dos dispositivos de comunicación que revolucionaron en su momento la transmisión de información a distancia. La web ha supuesto un paso más en la comunicación global por su potencial de intercambio de datos en tiempo real. En el mundo del trabajo, internet ha abierto la oficina y la ha distribuido por lugares inesperados. El horario laboral se ha ampliado y las relaciones comerciales se expanden ya por las redes sociales en una conectividad sin límites.

1989

THE OUT-OF-TOWN BUSINESS PARK
Foster + Partners
Uxbridge, UK

Stockley Park was one of the first out-of-town business parks in the United Kingdom. Designed in the 1980s, it fled the high real estate prices of central London and settled in a location with good transport links, between the M4 and M25 motorways and close to Heathrow Airport. These low-rise buildings, which enjoy pleasant vistas and are surrounded by landscaped gardens, compete against the centrality of offices in the City.

EL PARQUE TECNOLÓGICO: Stockley Park fue uno de los primeros parques tecnológicos del Reino Unido. Diseñado durante los años ochenta, escapa del centro de Londres por los elevados precios del mercado inmobiliario y busca un emplazamiento bien comunicado, entre las autopistas M4 y M25 y cerca del aeropuerto de Heathrow. Estos edificios de poca altura rodeados de vegetación y con buenas vistas compiten con la centralidad de las oficinas de la City londinense.

| 1991 | 1998 | 1998 | 2001 |

THE ICONIC OFFICE
Frank Gehry/Claes Oldenburg, Coosje van Bruggen
Los Angeles, USA

This building designed by Gehry for the Chiat Day advertising agency fittingly embraces the philosophy of media firms due to its highly iconic content identifiable in three very different constructions: a boat, a tree and a pair of oversized binoculars (Oldenburg). Google took over the Chiat/Day Building in 2011 to set up its Venice office and to take advantage of the strong brand image.

LA OFICINA ICÓNICA: Este edificio diseñado por Gehry para la agencia de publicidad Chiat Day encaja bien con la filosofía de las empresas de comunicación por su alto contenido icónico identificable a través de tres construcciones dispares: un barco, un árbol y unos prismáticos gigantes (obra de Oldenburg). Chiat Day Building fue ocupado en 2011 por Google para montar su oficina en Venice y hacerse así con su potente imagen de marca.

ADVERTISING CITY
CWA (Clive Wilkinson Architects)
Los Angeles, USA

When CWA built the interior of the TBWA/Chiat/Day advertising agency, it was called Advertising City due to its strong urban character and the interior advertising hoardings. It included a main street, a large central park, a basketball court and a vast quantity of meetup spaces inside tents for specific projects, something CWA would repeat six years later in the Googleplex.

CIUDAD ANUNCIO: Cuando CWA construyó el interior de la agencia de publicidad TBWA/Chiat/Day se le empezó a llamar la Ciudad Anuncio, por su fuerte carácter urbano y por los paneles publicitarios del interior. Incluía una gran vía, un gran parque central, una pista de baloncesto y una enorme variedad de espacios de encuentro dentro de tiendas de campaña para proyectos concretos, que CWA repetiría seis años más tarde en Googleplex

THE FUN OFFICE
FAT: Sam Jacob, Sean Griffiths, Charles Holland
Amsterdam, Netherlands

The Kessels Kramer advertising agency, located in an old church, had a surreal design containing a Russian wooden fort, a lifeguard tower, garden sheds, pieces of football pitches and a picnic table. All these elements are orchestrated in an aim to subvert the conventional workplace and turn the office into a fun place.

LA OFICINA DIVERTIDA: La oficina de la agencia de publicidad KesselsKramer, situada en una antigua iglesia, está pensada de una manera surreal, porque contiene un fuerte de madera ruso, una torreta de vigilancia playera, cobertizos de jardín, trozos de campos de fútbol y una mesa de picnic. Todos estos elementos están orquestados con el fin de subvertir el puesto de trabajo convencional y transformar la oficina en un espacio divertido.

EAR-CHAIR
Studio Makkink&Bey
Tilburg, Netherlands

The concept of Activity Based Working is based on flexible workstations which reduce the numbers of desks and offices in a workplace. It was applied by Erik Veldhoen in the head office of the insurance company Interpolis. The building, designed by Bonnema Architechten, was commenced in 1993 and the last items of furniture were installed ten years later. The *pièce-de-résistance* is the Ear-chair by Jurgen Bey, initially designed for the reception area. This chair creates privacy to enable focus while also facilitating teamwork in an open room.

SILLA-OREJA: El concepto *Activity Based Working*/Trabajo basado en la Actividad se sustenta en puestos de trabajo flexibles que reducen el número de mesas y de despachos en una oficina. Fue aplicado por Erik Veldhoen en la sede de la compañía de seguros Interpolis. El edificio, diseñado por Bonnema Architecten, se comenzó en 1993 y las últimas piezas de mobiliario fueron instaladas diez años más tarde. La más destacada es la Ear-chair, de Jurgen Bey, pensada inicialmente para el espacio de recepción. Esta silla crea intimidad para la concentración y al mismo tiempo hace posible el trabajo en común en una sala abierta.

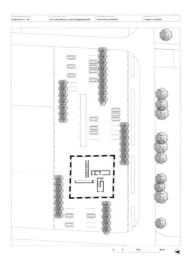

| 2004 | 2005 | 2013 | 2016 |

THE CAMPUS COMMUNITY COMPLEX
CWA/DEGW/William McDonough
Mountain View, California, USA

Googleplex was purchased from Silicon Graphics in 2003 and later converted to a corporate campus boasting good interconnectivity with outdoor spaces such as the sports areas, large communal lawns, gardens and ponds. The buildings are structured like a college campus as the work areas combine with research and learning, both essential resources to a creative company.

EL COMPLEJO TIPO CAMPUS UNIVERSITARIO: Googleplex fue adquirido a Silicon Graphics en 2003 y transformado posteriormente en un campus empresarial con una gran interconexión con los espacios exteriores, como espacios deportivos, gran superficie de césped comunitario, jardines y estanques. Los edificios adoptan la estructura de un centro universitario al combinar las zonas de trabajo con la investigación y el aprendizaje como recursos esenciales de una empresa creativa.

FIRST OFFICIAL COWORKING SPACE
Brad Neuberg
San Francisco, California, USA

SpiralMuse, Home of Wellbeing, was the first recognized coworking space for freelancers and writers. It was active for one year and later was converted to the Hat Factory which also no longer exists. There were eight tables, communal eating areas and meditation and massage rooms. Located in a refurbished Victorian house in San Francisco, it looked more like a Bed&Breakfast than a workplace. The number of coworkers was limited to five persons.

PRIMER COWORKING OFICIAL: SpiralMuse, Home of Wellbeing, fue el primer coworking reconocido para trabajadores autónomos y escritores. Su actividad duró un año y más tarde se reconvirtió en Hat Factory, también desaparecido. Disponía de ocho mesas, zonas para comida comunitaria y salas de meditación y masaje. Situado en una casa victoriana renovada de San Francisco, tenía una apariencia más parecida a un Bed&Breakfast, que a un espacio de trabajo. El número de coworkers estaba limitado a un máximo de cinco personas.

THE OFFICE WITHOUT MECHANICALS
Baumschlager Eberle
Lustenau, Austria

This office building has no HVAC system. The energy flow is manually-controlled. There is a cavity wall structure with 36-centimetre bricks. The interior layer provides high compressive strength and the outer layer insulation. In summer the vents are opened providing natural ventilation. This is a reaction to the Modernist concept of buildings acting as power stations.

LA OFICINA SIN INSTALACIONES: Este edificio de oficinas no tiene ni calefacción, ni ventilación, ni sistemas de enfriamiento. El flujo de energía está controlado por la mano humana. Los muros son dobles de ladrillo de 36 centímetros de espesor con cámara de aire. La cara interior garantiza la resistencia, mientras que la exterior responde del aislamiento. En verano las rejillas de ventilación se abren durante la noche para un enfriamiento natural. Es una reacción contra los edificios como máquinas consumidoras de energía que provienen de las teorías modernas.

PASTORAL SIMPLICITY
Foster and Partners/Arup Associates
Cupertino, California, USA

In Apple headquarters, Cupertino, designed for 13,000 employees, Foster and Partners combine Arup's previous experiments using environmentally-friendly ideas of the self-sufficient building with a sophisticated, simple and robust design integrated into the Santa Clara countryside. It is pastoral simplicity, taken in part from the Apple philosophy, located in the fruit groves of California, the countryside where Steve Jobs grew up, with the proportion of the Stanford campus buildings.

SIMPLICIDAD PASTORAL: En la sede de Apple en Cupertino, planteada para 13.000 empleados, Foster and Partners combina las ideas medioambientales del edificio autosuficiente experimentadas anteriormente por Arup, con un diseño sofisticado, simple y rotundo, integrado en el entorno natural de Santa Clara. Se trata de la simplicidad pastoral tomada en parte de la filosofía de Apple y ambientada en los campos de frutales de California, el entorno natural donde creció Steve Jobs, con la proporción de los edificios del campus de Stanford.

GLOSSARY GLOSARIO

Ongoing catalogue of new concepts related to the work environment

Catálogo abierto de nuevos conceptos relacionadas con el entorno laboral

---

a+t research group

ACCELERATED SERENDIPITY

Higher probability of positive unexpected breakthroughs resulting in collaboration between people with different interests but with the same pro-active approach to life.

INTENSIDAD DE HALLAZGOS INESPERADOS: mayor probabilidad de descubrimientos imprevistos positivos, que resultan de la colaboración entre personas con intereses diversos pero con una misma posición pro-activa ante la vida.

ADHOCRACY

This is a term made popular by Alvin Tofler in 1970 and researched by Robert H. Waterman Jr. for his book *Adhocracy: The power to Change*, 1993. This term defines a new type of work organization, with greater decision-making and minimum hierarchy and bureaucracy, capable of adapting to the implementation of specific time-based tasks.

ADHOCRACIA: es una término popularizado por Alvin Tofler en 1970 e investigado por Robert H. Waterman Jr. en su libro *Adhocracy: The power to Change*, 1993. Define un nuevo tipo de organización del trabajo, con gran poder de decisión y mínimas jerarquía y burocracia, capaz de adaptarse a la realización de tareas concretas y temporales.

BETTER TOGETHER MENTALITY

Way of thinking and acting of individuals who meet up to harness energy and knowledge in an aim to reach their target.

MENTALIDAD DE "MEJOR JUNTOS": modo de pensar y actuar entre individuos que se unen para armonizar energías y conocimientos con el fin de alcanzar un objetivo.

CLAN CULTURE

Coined by Bruce M. Tharp in 2005, this takes place in companies which value cohesion, commitment and staff loyalty to reach productivity targets. Companies practising clan culture are like families and their managers are seen more as paternal advisers than bosses.

CULTURA TRIBAL: descrita por Bruce M. Tharp en 2005, se desarrolla en compañías que valoran la cohesión, el compromiso y la lealtad de los trabajadores para lograr sus objetivos de productividad. Las empresas que practican la cultura tribal se asemejan a familias y sus directivos están considerados más unos paternales consejeros que unos jefes.

COWORKING SPACE

Working space shared with other independent professionals carrying out different tasks. The term was first used by software developer Brad Neuberg who in 2005 set up the shared space Spiral Muse in San Francisco, CA.

ESPACIO DE TRABAJO COLABORATIVO: espacio de trabajo compartido por profesionales independientes que realizan tareas diferentes. El término fue utilizado por primera vez por Brad Neuberg, un desarrollador de programas que, en 2005 creó en San Francisco CA el espacio compartido Spiral Muse.

CREATIVE CLASS

Social group of professionals who have a decisive influence on the post-industrial economy through creation, knowledge and innovation. The term was coined by economist and sociologist Richard Florida in his book *The Rise of the Creative Class*, 2002.

CLASE CREATIVA: grupo social de profesionales que influye decisivamente en la economía postindustrial a través de la creación, el conocimiento y la innovación. El concepto fue acuñado por el economista y sociólogo Richard Florida en su libro *The Rise of the Creative Class*, 2002.

CUBICLE FARM

Open-plan office divided into individual semi-closed compartments in which employees are audio-visually isolated. The cubicles are built with panels and modular elements which can be adapted according to corporate requirements. Robert Probst is held to be the inventor of this much-reviled element even though it was merely a cost-driven deviation from his Action Office system, designed for Herman Miller Inc. in 1968.

OFICINA DE CUBÍCULOS: planta abierta dividida en compartimentos individuales, semicerrados, en los que los empleados se aíslan visual y acústicamente. Los cubículos están construidos con paneles y elementos modulares que se pueden adaptar a las necesidades de la compañía. Robert Probst figura como el inventor del denostado elemento, si bien no es más que una desviación especulativa de su sistema Action Office, diseñado para Herman Miller Inc. en 1968.

DESKLESS OFFICE

Office with no allocated desks, where each desk is equipped with a monitor and where computers and personal objects are removed each day at close of business. Employees store their belongings in personal lockers.

OFICINA SIN PUESTO FIJO: oficina sin puestos de trabajo asignados, en donde las mesas están equipadas con monitores y son liberadas de ordenadores y objetos personales al final de la jornada. Cada empleado almacena sus pertenencias en taquillas personales.

DIGITAL SWEATSHOPS

On-line companies which hire people to carry out poorly-paid routine tasks which can be done remotely on the employee's own computer.

EMPRESAS DIGITALES EXPLOTADORAS: empresas online que contratan a personas para realizar trabajos repetitivos mal pagados, que se suelen desarrollar a distancia y con el equipo informático del trabajador.

DILBERTIAN

Dilbert is a satirical character from a comic strip created by Scott Adams in 1989. He represents an engineer at a technological firm who has problems in the workplace. By extension, Dilbertian refers to any person who suffers the same working conditions as Dilbert.

DILBERTIANO: Dilbert es un personaje satírico de una tira de cómic creada por Scott Adams en 1989. Representa a un ingeniero de una empresa de tecnología que tiene problemas en su entorno de trabajo. Dilbertiano es por extensión aquella persona que sufre las mismas condiciones laborales que Dilbert.

DISAGGREGATED WORKFORCE

Also referred to as contingent, this is made up of non-permanent staff performing casual home-based activities for a company. The term was defined by Ryan Coonerty and Jeremy Neuner in their book *The Rise of the Naked Economy*, 2013.

FUERZA DE TRABAJO DISPERSA: también llamada contingente, se compone de mano de obra sin empleo estable, ni puesto de trabajo fijo, que trabaja a distancia para una empresa y de manera ocasional. El término fue definido por Ryan Coonerty y Jeremy Neuner en su libro *The Rise of the Naked Economy*, 2013.

GAMIFICATION

The introduction of gaming techniques and methods into business processes in order to increase productivity was an idea of Charles Coonradt who created the company The Game of Work in 1973. He subsequently went on to publish his experiences in his book *The Game of Work*, 1984.

GAMIFICACIÓN: la introducción de técnicas y métodos propios del juego en los procesos laborales, para mejorar la productivad, fue una idea de Charles Coonradt, quien en 1973 creo la compañía The Game of Work, y cuyas experiencias recogió posteriomente en su libro *The Game of Work*, 1984.

HIERARCHICAL CULTURE

This type of culture is related to large corporations and institutional structures. They value process standardization, efficient results and employee control. The decision-making process is assigned to those in senior management positions. Bruce M. Tharp, 2005.

CULTURA JERÁRQUICA: este tipo de culturas están relacionadas con las grandes corporaciones y estructuras institucionales. Valoran la estandarización de sus procesos, la eficiencia de sus resultados y el control de sus empleados. La toma de decisiones está asignada a aquellos cargos que detentan autoridad. Bruce M. Tharp, 2005.

HOME-BASED WORK

Paid work done at home. This is not necessarily related to new technology and may include carrying out craft-based work or assembling small items.

TRABAJO EN CASA: ocupación retribuida que se realiza desde casa. No tiene porqué estar ligada a las nuevas tecnologías, sino que puede incluir manualidades o montajes de objetos de pequeñas dimensiones.

HOT DESKING

Desks which, like the concept of hot bedding, are used by several people in different shifts or on different days.

MESA CALIENTE: puesto de trabajo que, siguiendo el concepto de cama caliente, es utilizado por varias personas, en diferentes turnos o en días distintos.

HUDDLE ROOM

Meetup spaces inside the office environment, with informal furniture, where employees can have 3- or 4-person conversations.

SALA PARA ENCUENTROS INFORMALES: lugares de reunión dentro del entorno de la oficina, con mobiliario informal, en el que los trabajadores pueden mantener charlas en grupos de 3 o 4 personas.

INFORMAL MENTORING

Relationship built up between two people, whereby the older of the two listens, advises and trains the younger person, with no obligation or contract.

TUTORÍA INFORMAL: relación que se establece entre dos personas, en la que la de mayor edad se encarga de escuchar, aconsejar y entrenar a la más joven, sin que exista una obligación o contrato.

MECHANICAL TURK

Simple low-paid digital system for carrying out routine work which is done by people rather than machines as it requires a minimum level of human intelligence. Workers are casual and home-based.

TURCO MECÁNICO: sistema de trabajo digital sencillo y poco remunerado, ejecutado de manera repetitiva por personas, que una máquina no podría realizar, ya que requiere un cierto nivel de inteligencia humana. Los trabajadores son ocasionales y trabajan a distancia.

MICROWORKER

Worker carrying out small tasks for on-line companies. The worker chooses the hours and the workplace. As this work takes up only a few minutes of the working day, it is compatible with a full-time job.

MICROTRABAJADOR: trabajador que realiza pequeñas tareas para empresas online. El trabajador elige su horario y su lugar de trabajo. Al dedicar pocos minutos de su tiempo a estas labores, puede compaginarlas con una ocupación habitual.

MULTI-GENERATION WORKFORCE

The following generations all co-exist in the current workplace: Babyboomers (born between 1940 and 1964), Generation X (1965-1980) and Millennium or Generation Y (1981-1995). Generation Z (1996-2010) is the next in line.

FUERZA DE TRABAJO MULTI-GENERACIONAL: actualmente, en los espacios de trabajo conviven: la generación de la explosión demográfica (nacidos entre 1940 y 1964), la generación X (1965-1980) y la generación del milenio, o generación Y (1981-1995). La generación Z (1996-2010) será la siguiente en incorporarse.

PEOPLE-CENTRIC WORKSPACE

The term derives from people-centred development strategy, a movement aiming to empower communities and people against institutions. In terms of work organization, it reflects the will to improve the quality of the work space in accordance with employee needs rather than production requirements.

ESPACIO DE TRABAJO CENTRADO EN LAS PERSONAS: el término es una derivación de *people-centred development strategy*, un movimiento dirigido a conseguir el empoderamiento de las comunidades y las personas frente a las instituciones. En términos de organización laboral, refleja la voluntad de mejorar la calidad del espacio en función de las necesidades de los trabajadores, frente a los requerimientos productivos.

REVERSE MENTORING

Relationship between two people in which the mentor is a young person, generally with less experience, who has stronger skills in a specific knowledge area. This often occurs when Generation Y members give Baby-boomer executives training in technological issues.

TUTORÍA INVERSA: relación entre dos personas, en la que el mentor es una persona joven, con menos experiencia en general, pero con gran habilidad en una parcela específica del conocimiento. Ocurre con frecuencia cuando miembros de la generación del milenio se encargan de entrenar en cuestiones tecnológicas a ejecutivos de la generación de la explosión demográfica.

SICK BUILDING SYNDROME

Set of workplace-related symptoms in buildings with low-quality air, contamination from certain building materials, bad lighting and lack of appropriate noise insulation.

SÍNDROME DEL EDIFICIO ENFERMO: conjunto de síntomas relacionados con el ambiente de trabajo en edificios con baja calidad de aire interior, contaminación producida por algunos materiales de construcción, mala iluminación y condiciones acústicas deficientes.

SOUND MASKING

Technique which involves adding sound frequencies to an open-plan office in an aim to mitigate the disturbing sensation resulting from conversations and background noise. Noise-cancelling speakers are used to suppress this noise.

ENMASCARAMIENTO SONORO: técnica que consiste en añadir frecuencias sonoras a un entorno abierto de oficina, con el objetivo de mitigar la sensación perturbadora que producen las conversaciones y los ruidos molestos. Para ello se utilizan altavoces supresores de ruido.

SWARM WORK

Way of working which, unlike teamwork, is conducted by members who occasionally get together to perform a specific task, with no hierarchy and with no prior relationship between them and whose collaboration culminates when the task finishes. It is a way of working common in adhocracy which is also used in corporate firms.

TRABAJO EN ENJAMBRE: forma de trabajo colectivo que, a diferencia del trabajo en equipo, se realiza por miembros que se unen ocasionalmente para realizar una tarea concreta, sin jerarquía y sin relación previa entre ellos y cuya colaboración termina cuando termina la tarea. Es un sistema de trabajo propio de la adhocracia que también se utiliza en empresas corporativas.

SUPER-FLEXIBILITY

Capacity of a large company to stay agile and versatile while also being robust and resistant, adopting features common to small enterprises in their operations.

SUPERFLEXIBILIDAD: capacidad de una gran empresa para conseguir mantenerse ágil y versátil y al mismo tiempo ser robusta y resistente, adoptando en su funcionamiento las características de las pequeñas empresas.

TAYLORIST OFFICE

Space based on the scientific organization of work, according to Frederick Winslow Taylor, 1911, who aimed to maximize productivity by using a process system based on the division of labour and time control.

OFICINA TAYLORISTA: espacio basado en la organización científica del trabajo, según Frederick Winslow Taylor, 1911, que tiene como objetivo conseguir la máxima productividad a través de una cadena de procesos con división de tareas y control de tiempos.

THIRD PLACES

Places where administrative, creative or business tasks unrelated to the home (first place) or the traditional office (second place) are performed. Main features are informality, security, being open to the public and a good atmosphere. Examples of third spaces are: libraries, cafeterias, community centres, bookstores, parks... The term was described by Ray Oldenburg in his book *The Great Good Place*, 1989.

TERCEROS LUGARES: son aquellos en donde se realizan tareas propias del trabajo administrativo, creativo o de negocios, que no corresponden ni al hogar (primer lugar), ni a la oficina tradicional (segundo lugar). Sus características son la informalidad, la seguridad, la libre utilización por el público y el buen ambiente. Ejemplos de terceros lugares son: bibliotecas, cafeterías, centros cívicos, librerías, parques... El término fue descrito por Ray Oldenburg en su libro *The Great Good Place*, 1989.

TOUCHDOWN SPACE

In shared work spaces this is the most open area. It is used by people who are passing through or starting up their careers. They include the minimum services required to perform an activity: a counter with stools and Internet access.

ESPACIO DE TOMA DE CONTACTO: en los espacios de trabajo compartido, es la zona de trabajo más abierta. La utilizan personas que están de paso o en sus inicios como profesionales. Incluye los servicios mínimos para desarrollar una actividad: un mostrador con taburetes y acceso a las conexiones.

TRIPLE BOTTOM LINE

Criterion assessing the success of a company from three viewpoints: financial results, social responsibility and respect for the environment. The term was first used by John Elkington in 1994.

TRIPLE LÍNEA DE MÍNIMOS: criterio que evalúa el éxito de una empresa desde tres puntos de vista: su resultado financiero, su compromiso social y su respeto medioambiental. El término fue establecido por John Elkington en 1994.

VIBE OF WORKING

Feature of the work environment referring to that intangible part regarding comfort and sensations. This is the third attribute to be taken into consideration in collaborative work spaces, after location and infrastructure. The importance of this third feature was highlighted by Ryan Coonerty/Jeremy Neuner in their book *The Rise of the Naked Economy*, 2013.

ATMÓSFERA DE TRABAJO: característica del entorno de trabajo que se refiere a la parte inmaterial relacionada con el confort y las sensaciones. Corresponde al tercero de los atributos que se deben tener en cuenta en los espacios de trabajo colaborativos, junto con el emplazamiento y la infraestructura. La impotancia de este tercer atributo fue destacada por Ryan Coonerty/Jeremy Neuner, en su libro libro *The Rise of the Naked Economy*, 2013.

WORK CULTURE

Working practises specific to a given environment or location which may or should influence the design of the workplace.

CULTURA DEL TRABAJO: hábitos de trabajo propios de un entorno o procedencia determinada y que pueden o deben influenciar el diseño del espacio laboral.

WORK MODES

Focusing, collaborating, learning and socializing. These are the four ways in which the knowledge worker operates according to the Gensler Workplace Survey, 2008.

MANERAS DE TRABAJAR: concentrándose, colaborando, aprendiendo y socializando. Estas son las cuatro formas en las que opera el trabajador relacionado con las empresas del conocimiento, según la Encuesta Gensler sobre espacios de trabajo, 2008.

.

BIBLIOGRAPHY BIBLIOGRAFÍA

Bollier, David. *The future of work: what it means for individuals, business, markets and governments*. The Aspen Institute, 2011

Coonerty, Ryan and Neuner, Jeremy. *The rise of the naked economy: how to benefit from the changing workplace*. Palgrave Macmillan, 2013

Drucker, Peter F. *Managing in the next society*. Griffin, 1994

Duffy, Francis and Tanis, Jack. 'A vision of the new workplace'. *The International Development Research Council's Journal*. 1993 http://www.siteselection.com/ss/sshighlites/0999/p805/index.htm

Florida, Richard. *The great reset: how the post-crash economy will change the way we live and work*. Harper Business, 2011

Heerwagen, Judith H. *Design, Productivity and Well Being: What Are the Links?* March 12-14, 1998.

Heerwagen, Judith H. 'Green Buildings, Organizational Success, and Occupant Productivity'. *Building Research and Information*, Vol. 28 (5), 2000. p. 353-367.

Horowitz, Sara and Poynter, Sciarra. *The freelancer's Bible: everything you need to know to have the career of your dreams-on your terms*. Workman Publishing Company, 2012.

Marmot, Alexi. *Office space planning: designing for tomorrow's workplace*. McGraw-Hill Professional, 2000

Myerson, Jeremy / Bichard, Jo-Anne/ Erlich, Alma. *New Demographics New Workspace. Office Design for the Changing Workforce*. Gower, 2010

Oldenburg, Ray. *The great good place: cafés, coffee shops, bookstores, bars, hair salons, and other hangouts at the heart of a community*. Da Capo Pr., 1999

Saval, Nikil. *Cubed. A Secret History of the Workplace*. Doubleday, 2014

Slim, Pamela. *Escape from cubicle nation: from corporate prisoner to thriving entrepreneur*. Berkley, 2009

Stone, Philip J. and Luchetti, Robert. 'Your office is where you are'. *Harvard Business Review*, 1985

US General Services Administration. *Sound matters: how to achieve acoustic comfort in the contemporary office*. GSA Public Buildings Service, 2011.

van Meel, Juriaan. *The european office: office design and national context*. 010 Publishers, 2000

CREDITS

Credits have been provided by the authors and are included according to their specifications.

Los Créditos han sido facilitados por los autores y se incluyen de acuerdo con sus especificaciones.

+ADD

FiftyThree

Design: Laura Gonzalez Fierro
Collaborator: Carolina Rivera
Images: Matthew Williams

ARQUITECTURA DE TALLER

Stall in progress

Design team:
Rosa San José Miguel. Archaeologist
Ana María Marrero.
Mónica Cuende Lozano. Journalist
Marian Cuenca. Publisher
Rodrigo Muñoz García. Architect.
Pablo García Bachiller. Architect.
Pablo Farfán. Architect.
Laura Casanova Colvee. Architect.
Manuel Cifuentes Hernández.
Computer graphic designer
Javier Miranda Abad.
Eduardo Marquina Zabalza.
Jesús Guillermo Peinado Alonso.
Ex- Architect and Construction worker.
Angel Cabra. Construction worker.
Mónica Bujalance. Ex-Architect and Construction worker.
Images: Juan Carlos Quindós

ASSEMBLE

Yardhouse

Design: Assemble
Contractor: Assemble
Electrics: Robert Nathan Electrics
Plumbing: Ask4Plumbers
Timber staircase: WorkshopEast
Exterior staircase: Focus Fabrications
Images: Lewis Jones

BAAS

Disseny Hub Barcelona

Client: Ajuntament de Barcelona (BIMSA), Disseny Hub Barcelona
Architect: Jordi Badia, architect
Project team: Rafael Berengena, Marcos Catalán, Mireia Monràs, Eva Damià, Cristina Anglès, Zoí Casimiro, Albert Casas, Xavier Gracia, Mercè Lorente, Alba Azuara.
Contractor: Synergia
Instalations: PGI Grup
Images: Marcela Grassi

Alta Diagonal Building

Architect: Jordi Badia, architect
Project team: Jordi Framis, Mercè Mundet, Mireia Monràs, Ismael Heras, Jaime Batlle, Eva Damià, Mariona Guàrdia, Aleix Arcarons, Eva Jimenez, Enric Navarro, Andrea Salvador, Ivan Lorite, Zoí Casimiro, Xavier Gracia, Gonzalo Heredia, Laura Sanchís
Client: DEKA Immobilien Cristalia, SLU
Structural Engineer: BOMA Impasa
Instalations: PGI Grup
Quantity Surveyor: G3
Project Management: BOVIS Lend Lease
Images: Pedro Pegenaute

BRINKWORTH

LBi Offices

Images: Alex Franklin, a+t research group

CAMENZIND EVOLUTION

Google Zurich

Design team: Stefan Camenzind, Executive Director
Tanya Ruegg, Creative Director
Client: Google Inc.
Site Management + Quantity Surveyor: Quadras Baumanagement
Building Engineering: Amstein + Walthert
Office Furniture Consultant: Büronauten
Catering Consultant: Planbar
Images: Peter Würmli

Unilever

Design team: Stefan Camenzind, Executive Director
Tanya Ruegg,Creative Director
Silke Ebner, Project Manager
Claudia Berkefeld, Design Architect
Christina Weiss, Architect
Client: Unilever Supply Chain Company AG
Images: Peter Würmli

CARLOS ARROYO ARQUITECTOS

Unstable Office

Architect: Carlos Arroyo Arquitectos
Team: Carlos Arroyo, Vanessa Cerezo
Client: erretres, The Strategic Design
Contractor: Manuel Ocaña
Panels: Trama
Images: Miguel de Guzmán

CARUSO ST JOHN ARCHITECTS

Arts Council England Offices

Design: Caruso St John Architects
Images: Hélène Binet

DMVA

dmvA Office 2
p 72
Principal: dmvA
Team: David Driesen, Tom
Verschueren, Valerie Lonnoy
Images: Frederik Vercruysse

I29 INTERIOR ARCHITECTS

Office 3
p 44

Design: i29 Interior Architects
Client: Gummo
Constructor: Stefan Klopper
Images: i29 Interior Architects

Tribal DDB Office
p 84

Design: i29 Interior Architects
Client: Tribal DDB Amsterdam
Constructor: Slavenburg
Interior build: Zwartwoud
Images: i29 Interior Architects

LIN

LIN Office Space
p 110

Design: LIN Architects Urbanists
Images: LIN Architects Urbanists,
Lino Adriano

MAKE CREATIVE

Unit B4
p 88

Project team: Antonia Pesenti,
Patricia Bondin, Anna Trefely
Client: Goodman
Images: Luc Remond

NOSIGNER

Mozilla Japan's new office
p 94

PENSON

Google Central
p 24

Interior Designer: Penson
Client: Google
Contractor: Parkeray Project
Managers: CBRE
Bespoke Joinery: ADS Joinery
Lighting: Fisherman Light, Zero Fork
Light, Nick Fraser Trash me Table
Lamp, Victor Vetterlein
Flooring: Chroma, Object Carpets,
Naturally Wood, Domus Tiles, Gerflor
Furniture: Bene, Day 2, Tsunam-axis,
Moroso
Finishes/Fabrics: Kvadrat, Jab Fabrics
Feature Wall Tiles: Fired Earth
Signage: Castleton Signs
Images: David Barbour

STUDIONINEDOTS

De Burgemeester complex.
p 52

Design team: Albert Herder, Vincent
van der Klei, Arie van der Neut,
Metin van Zijl Max Meijer, Eliano
Felício, Chun Leung.
Client: Ymere | Lingotto
Contractor: Ouwehand Bouw
Realization stairs and fences: Fiction
factory
Furniture: Metnils Interieurmaatwerk
Images: Peter Cuypers

STUDIO O+A

Cisco Meraki
p 34

Architec: Studio O+A
Project Team:Primo Orpilla, Denise
Cherry, Perry Stephney, Clem Soga,
Steve Gerten, Elizabeth Guerrero,
Chase Lunt, Alma Lopez, Caren
Currie, Sarunya Wongjodsri, Justin
Ackerman, David Hunter, Jeorge
Jordan, Olivia Ward, Kroeun Dav,
Chase Lunt, Sarah Dziuba, Will Chu
Client: Cisco
Contractor: Principal Builders
Consultants
Permit Consultants: A.R. Sanchez-
Corea & Associates
MEP Consultants: WSP Flack and
Kurtz
LEED Consultants: Beryline
Kitchen Consultants: RAS Design
Structural Engineers: Pannu, Larsen
& McCartney
Images: Jasper Sanidad

The Giant Pixel Corporation
p 38

Architect: Studio O+A
Project Team: Primo Orpilla, Verda
Alexander, Denise Cherry, Perry
Stephney, Clem Soga, Neil Bartley,
Caren Currie, Jeorge Jordan, Liz
Guerrero
Client: Giant Pixel
Contractor: Matarozzi/Pelsinger
Builders, Inc.
Consultants: House of Music, AV
Images: Jasper Sanidad

STUDIO PETOKRAKA

Nova Iskra Design Incubator
p 76

Architects: Petokraka
Design Team: Aleksa Bijelović &
Milica Maksimović
Images: Relja Ivanić

STUDIO TILT

Club Chancery Lane
p 62

Studio Tilt: Oliver Marlow, Creative
Director. Dermot Egan, Managing
Director
Matthew Wood, Architect. Tomasz
Romaniewicz, Architectural Designer.
Ben Kindler, Graphic Design and
Branding. Elena Nunziata, Product
and Furniture Designer. Esin
Yilmazbilek, Administration
Images: Jill Tate

Club Bankside
p 66

Studio Tilt: Oliver Marlow, Creative
Director. Dermot Egan, Managing
Director
Matthew Wood, Architect. Tomasz
Romaniewicz, Architectural Designer.
Ben Kindler, Graphic Design and
Branding. Elena Nunziata, Product
and Furniture Designer. Esin
Yilmazbilek, Administration
Images: Jill Tate

Club Chiswick
p 68

Studio Tilt: Oliver Marlow, Creative
Director. Dermot Egan, Managing
Director
Matthew Wood, Architect. Tomasz
Romaniewicz, Architectural Designer.
Ben Kindler, Graphic Design and
Branding. Elena Nunziata, Product
and Furniture Designer. Esin
Yilmazbilek, Administration
Images: Jill Tate

Club London Bridge
p 70

Studio Tilt: Oliver Marlow, Creative
Director. Dermot Egan, Managing
Director
Matthew Wood, Architect. Tomasz
Romaniewicz, Architectural Designer.
Ben Kindler, Graphic Design and
Branding. Elena Nunziata, Product
and Furniture Designer. Esin
Yilmazbilek, Administration
Images: Jill Tate

a+t magazine

Detailed information
Información detallada

www.aplust.net

9. Baja tecnología Low tech
136 **Pages** Páginas
Only available in Cd
Disponible sólo en Cd

27. In common III 160 **Pages** Páginas

32. HYBRIDS II 160 **Pages** Páginas

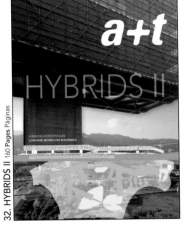

Digital Issue Versión Digital: Zinio.com

39-40. RECLAIM Remediate Reuse Recycle 312 **Pages** Páginas

11. Capas Layers
136 **Pages** Páginas
Only available in Cd
Disponible sólo en Cd

29. Civilities I 176 **Pages** Páginas

Digital Issue Versión Digital: Zinio.com

35-36. STRATEGY Public 320 **Pages** Páginas

Digital Issue Versión Digital: Zinio.com

41. RECLAIM Domestic Actions 160 **Pages** Páginas

12. Vivienda y flexibilidad Housing and flexibility (I)
136 **Pages** Páginas
Digital Issue Versión Digital: Zinio.com

13. Vivienda y flexibilidad Housing and flexibility (II)
136 **Pages** Páginas
Digital Issue Versión Digital: Zinio.com

30. Civilities II 160 **Pages** Páginas

Digital Issue Versión Digital: Zinio.com

37. STRATEGY Space 168 **Pages** Páginas

42. RECLAIM Domestic Actions 2 152 **Pages** Páginas

14. Materiales sensibles Sensitive materials (I)
136 **Pages** Páginas
Digital Issue Versión Digital: Zinio.com

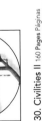

15. Materiales sensibles Sensitive materials (II)
136 **Pages** Páginas
Only available in Cd
Disponible sólo en Cd

24. Nueva materialidad New materality II
160 **Pages** Páginas
Only available in Cd
Disponible sólo en Cd

31. HYBRIDS I 168 **Pages** Páginas

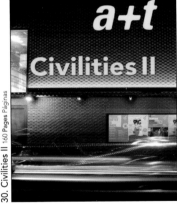

Digital Issue Versión Digital: Zinio.com

38. STRATEGY and Tactics in Public Space 176 **Pages** Páginas

43. WORFORCE A better place to work 160 **Pages** Páginas

subscriptions and back issues suscripciones y números anteriores

Subscription Suscripción

Valid till 31.12.2014 Válida hasta el 31.12.2014

2 issues (1 year). Shipping costs included 2 números (1 año). Gastos de envío incluidos

Spain España	47 €	**(courier delivery)** (envío por mensajero) ❑
Except Canary Islands, Ceuta and Melilla Excepto Canarias, Ceuta y Melilla		**(registered mail)** (envío certificado) ❑
Europe Europa:	70 €	**(courier delivery)** (envío por mensajero) ❑
Rest of the world Resto del mundo:	80 €	**(courier delivery)** (envío por mensajero) ❑

Students 20% discount on subscription (Shipping by normal mail. Send copy of the relevant document)
Estudiantes 20% descuento en suscripción (envío sin certificar. Adjuntar documentación justificativa)

I wish to subscribe the magazine a+t starting with issue number 44 Deseo comenzar mi suscripción a la revista a+t a partir del número 44 ❑

Printed available issues Números disponibles impresos

			Quantity Cantidad				Quantity Cantidad
a+t 16	22 €	❑	___	a+t 32	25 €	❑	___
a+t 17	22 €	❑	___	a+t 35-36	49 €	❑	___
a+t 18	23 €	❑	___	a+t 37	25 €	❑	___
a+t 23	23 €	❑	___	a+t 38	26 €	❑	___
a+t 25	23 €	❑	___	a+t 39-40	49 €	❑	___
a+t 26	23 €	❑	___	a+t 41	25 €	❑	___
a+t 27	23 €	❑	___	a+t 42	25 €	❑	___
a+t 29	25 €	❑	___	a+t 43	25 €	❑	___
a+t 30	25 €	❑	___				
a+t 31	25 €	❑	___				

CD available issues Números disponibles en Cd

			Quantity Cantidad
a+t 8	18 €	❑	___
a+t 9	18 €	❑	___
a+t 11	21 €	❑	___
a+t 15	21 €	❑	___
a+t 24	23 €	❑	___

No shipping costs when buying any printed product
No shipping costs in Spain
For checking shipping costs to other countries: www.aplust.net

Sin costes de envío al adquirir cualquier título impreso
Sin costes de envío a España
Para consultar costes de envío a otros paises: www.aplust.net

No shipping costs in Spain
For checking shipping costs to other countries: www.aplust.net

Sin costes de envío a España
Para consultar costes de envío a otros paises: www.aplust.net

Name Nombre_____

Address Dirección_____

Code Código_____ City Ciudad_____

Country País_____ Passport No. CIF/DNI_____

Tel._____ Fax_____ E-mail Correo-e_____

Pay form   Credit CardVisa ❑   Mastercard ❑   Eurocard ❑

No._____/_____/_____/_____/ Expiry Date_____/_____/_____/ Cardholder's name_____

Date Fecha_____/_____/_____/ **Signature** Firma

Forma de pago (España)   Pago contra-reembolso ❑   Domiciliación bancaria ❑

Banco/Caja _____ C.C. Nº _____

Dirección _____ Código _____ Ciudad _____

Tarjeta de crédito Visa ❑   Mastercard ❑   Eurocard ❑

Nº_____/_____/_____/_____/ Caduca final _____/_____/_____/ Nombre del titular _____

Send this order form or a copy to Envía este boletín de pedido o una fotocopia a:
a+t architecture publishers. General Álava, 15 2º A. 01005 Vitoria–Gasteiz. **Spain**.
Tel. +34 945 13 42 76. pedidosysuscripciones@aplust.net
or order through o haz tu pedido a través de **www.aplust.net**

a+t books

DBOOK. Density, Data, Diagrams, Dwellings

65 € ❑   **Quantity** Cantidad ____

Out of stock Agotado

THE PUBLIC CHANCE. Nuevos paisajes urbanos New urban landscapes

65 € ❑   **Quantity** Cantidad ____

THIS IS HYBRID

49 € ❑   **Quantity** Cantidad ____

Density. Edicion condensada. Condensed edition

39 € ❑   **Quantity** Cantidad ____

Out of stock Agotado

HoCo. Density Housing Construction & Costs

39 € ❑   **Quantity** Cantidad ____

DENSITY IS HOME

39,90 € ❑   **Quantity** Cantidad ____

Density projects

39 € ❑   **Quantity** Cantidad ____

Out of stock Agotado

Next. COLLECTIVE HOUSING in progress

39 € ❑   **Quantity** Cantidad ____

RASHOMON

12 € ❑   **Quantity** Cantidad ____

10 STORIES OF COLLECTIVE HOUSING

39 € ❑   **Quantity** Cantidad ____

10 HISTORIAS SOBRE VIVIENDA COLECTIVA

39 € ❑   **Quantity** Cantidad ____

No shipping costs in Spain
For checking shipping costs to other countries: www.aplust.net

Sin costes de envío a España
Para consultar costes de envío a otros paises: www.aplust.net

Name Nombre_____

Address Dirección_____

Code Código_____ **City** Ciudad_____

Country País_____ **Passport No.** CIF/DNI_____

Tel._____ Fax _____ E-mail Correo-e_____

Pay form   Credit CardVisa ❑   Mastercard ❑   Eurocard ❑

No._____/_____/_____/_____/ Expiry Date_____/_____/_____/ Cardholder's name_____

Date Fecha _____/_____/_____/ **Signature** Firma

Forma de pago (España)   Pago contra-reembolso ❑   Domiciliación bancaria ❑

Banco/Caja _____ C.C. Nº _____

Dirección _____ Código _____ Ciudad _____

Tarjeta de crédito Visa ❑   Mastercard ❑   Eurocard ❑

Nº _____/_____/_____/_____/ Caduca final _____/_____/_____/ Nombre del titular _____

Send this order form or a copy to Envía este boletín de pedido o una fotocopia a:
a+t architecture publishers. General Álava, 15 2º A. 01005 Vitoria–Gasteiz. **Spain**.
Tel. +34 945 13 42 76. pedidosysuscripciones@aplust.net
or order through o haz tu pedido a través de **www.aplust.net**

FREE OF ADVERTISING
NO CONTIENE PUBLICIDAD